역지사지
실전 토론 노트

최영민·전지은 글

차례

핵심만 쏙쏙!
토론 요점 노트 ··· 3

생각이 쏙쏙!
실전 토론 노트 ··· 15

역사 논쟁 ··· 16

환경 논쟁 ··· 29

복지 논쟁 ··· 40

양극화 논쟁 ··· 56

생명 윤리 논쟁 ··· 68

법률 논쟁 ··· 80

인권 논쟁 ··· 92

자본주의 논쟁 ··· 102

과학 논쟁 ··· 112

교육 논쟁 ··· 126

핵심만 쏙쏙!
토론 요점 노트

'토론'이 뭘까요?

　토론(討論)의 뜻을 국어사전에서 살피면 '어떤 문제에 대하여 여러 사람이 각각 의견을 말하며 논의하는 것'이라고 나와 있어요. 논의한다는 것은 서로 의견을 주고받는 거예요. 그런데 이 설명만으로는 조금 부족해요.

　토론은 토의와 뜻을 비교하면 분명하게 이해할 수 있어요. 토의는 어떤 주제에 대해 여러 사람이 의견을 나누고 검토해서 가장 좋은 결론을 함께 찾는 것이에요. 이에 반해 토론은 참여자들이 각자의 의견이 옳다고 주장하며 자기의 주장을 상대방이 받아들이도록 설득하는 것이지요.

　만약에 여러분이 친구들과 함께 '온실가스를 줄이기 위한 방법'을 이야기한다면 이는 토의예요. 온실가스를 줄여야 한다는 사실에 동의한 다음에 이를 줄일 방법을 이야기하는 것이니까요. 그러나 '지구 온난화가 인간이 배출한 온실가스 때문인가?'를 논의한다면 어떻게 될까요? 이 경우는 토론이 될 수 있어요. 지구 온난화가 자연적 현상이라는 의견과 인간이 배출한 온실가스 때문이라는 의견으로 서로 생각이 다를 수 있으니까요.

즉, 토의는 어떤 공통의 주제나 문제에 대한 협력적 논의이고, 토론은 상반된 의견을 가진 사람들이 각자의 의견이 올바르다고 주장하는 경쟁적인 논의예요. 따라서 토론은 어떤 주제에 대하여 서로 생각이 다른 사람들이 자신의 의견이 옳다고 주장하며 상대방을 설득하는 것이라고 정의할 수 있어요. 이제 토론이 무엇인지 정확히 알겠지요?

토론 주제를 논제라고 해요

논제는 그 성격에 따라 크게 사실 논제, 가치 논제, 정책 논제로 구별해요. 사실 논제는 어떤 일이 사실인지 아닌지를 놓고 토론하는 거예요. 가치 논제는 어떤 일이나 사물에 대해 '좋다 혹은 나쁘다', '옳다 혹은 아니다'의 판단을 놓고 토론하는 거예요. 정책 논제는 어떤 일을 할 것인지, 하지 않을 것인지를 놓고 토론하는 것입니다.

근거 있는 주장을 펼쳐요

토론에서는 막연한 추측이나 혼자만의 생각이 아니라 객관적인 사실이 뒷받침되는 의견을 내세워야 해요. 그래야 자기 의견의 타당함을 밝히고 상대방을 설득할 수 있으니까요. 토론에서는 이를 두고 논거가 튼튼해야 한다고 말해요. 논거(論據)란 어떤 주장이나 의견의 근거예요.

좋은 논거란 주제를 논리적으로 뒷받침하는 것은 물론이고 창의적이면서 누구나 인정할 수 있는 객관성을 가진 근거예요. 좋은 논거를 찾으려면 도서관에서 관련 도서도 살펴보고, 전문가의 의견도 들어 보는 등의 노력이 있어야 해요. 거기에다 한 가지 꼭 필요한 것이 바로 생각! 아무리 좋은 정보를 찾아도 그것을 주장과 논리적으로 연결시키지 못한다면 아무 소용이 없지요.

'생각'은 토론의 전 과정에 쓰여요. 주제에 담겨 있는 다양한 쟁점_{서로 다투는 중심이 되는 점}을 분석하고, 이에 관련된 정보를 수집하고, 정보가 옳고 그른지, 자기 의견을 충분히 뒷받침해 주는지를 판단하고 선택하는 등, 토론의 모든 과정에서 생각이 필요해요. 그러다 보니 토론을 하면 할수록 생각하는 능력이 자라나지요. 상대를 설득하고 자신의 의견에 부족하거나 그릇된 점을 고치면서 생각하는 방법을 익히니까요. 그러니 열심히 토론을 해 봐요. 여러분 생각의 힘이 성장할 것입니다.

토론의 순서

토론은 보통 나의 주장을 밝히는 '입안'과 상대 주장을 확인하는 '조사(질의)', 상대 주장이 타당한지 따지는 '반론'의 순서로 이루어져요. 이 세 가지는 공식적인 토론 대회는 물론, 학급에서 친구들과 하는 토론 활동에서도 반드시 따라야 하는 것이지요. 토론을 잘하려면 토론이 어떻게 진행되는지 잘 알아 두어야 해요. 각각 어떻게 진행되는지 알아볼까요?

입안하기, 나의 주장을 밝혀요

토론은 토론 주제인 논제에 대해 참여자들의 입장을 발표하는 것으로 시작해요. 논제에 대해 자신은 어떤 생각인지를 밝히는 것을 입안(입론,

《생명 윤리 논쟁》 45쪽, GMO에 대한 각 팀의 입장 발표 모습

입장 발표)이라고 해요. '무상 의료'가 토론 주제라고 할 때 이에 대한 찬성 혹은 반대의 입장을 발표하는 것이 입안이에요. 찬성하는 쪽은 무상 의료가 필요하다는 주장과 그 이유 및 근거를 정리해서 발표하고, 반대하는 쪽 역시 반대하는 주장과 근거를 정리해서 발표해요. 입안을 발표할 때는 주장의 핵심과 뒷받침하는 근거가 설득력 있게 정리되어야 해요.

근거를 제시할 때 주의할 점이 있어요. 보통 근거를 제시할 때 사례를 드는 경우가 많은데, 하나의 사례가 곧 근거가 되지는 않아요. 그저 하나의 예일 뿐이에요. 하지만 어느 사례가 어떤 문제에서 나타나는 다수의 특징을 보여줄 때는 근거로써 가치가 있어요. 그래서 통계어떤 현상을 종합적으로 알아보기 쉽게 일정한 체계에 따라 숫자나 문자로 정리한 것를 근거 자료로 이용할

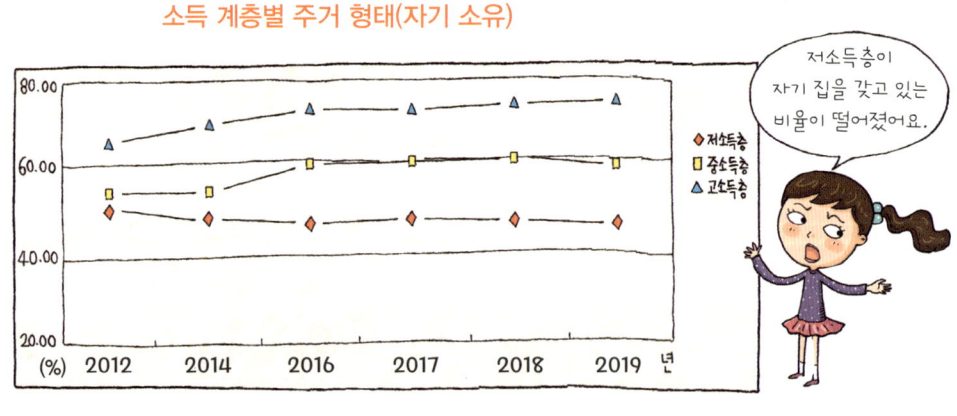

《양극화 논쟁》 189쪽, 통계 자료를 근거로 주거 양극화를 주장하는 모습

때가 많아요. 통계는 많은 사람들이 보이는 행동이나 그것의 결과를 수치로 정리해 보여 주는 것이니까요.

근거 자료를 찾을 때 인터넷에 떠도는 남의 글을 짜깁기하는 것은 도움이 안 돼요. 출처가 바르지 않은 자료는 근거로써 설득력이 없어요. 수고스럽더라도 자신이 직접 찾아서 정리해야 해요. 도서관에 가서 관련 도서를 찾아보거나 언론사 사이트를 검색하거나 통계청에 접속해 관련 통계를 살펴보는 등 다양한 방법으로 정보를 찾아봐요.

조사하기, 상대 주장을 확인해요

"소득과 상관없이 부잣집 친구들에게도 무상 급식을 실시하는 것은 필요 없는 사람에게까지 복지 혜택을 주는 '복지의 과잉'입니다. 이것은 정치인들이 선거 때 표를 얻기 위해 공약을 남발하는 퍼 주기식 복지 포퓰리즘이에요."

"복지 과잉은 대충 무슨 뜻인지 알겠는데, 복지 포퓰리즘은 뭔가요? 무슨 포플러 나무 종류도 아니고……."

순간, 정연이 남의 말을 빌려 쓰다 들킨 것 같은 표정으로 선생님을 쳐다보았다. 선생님이 웃으면서 복지 포퓰리즘의 뜻을 설명해 주셨다.

《복지 논쟁》 33쪽

소득과 상관없이 모든 학생에게 무상 급식을 하자는 주장을 '복지 포퓰리즘'이라고 비판하는 상대 토론자에게 의견에 쓰인 용어의 뜻을 묻는 조사(질의)의 사례예요. 조사(질의)는 상대 주장을 확인하거나, 개념 및 용어에 대한 질문, 근거 자료의 출처 및 정확성을 확인하는 것이에요.

이를 통해 상대 주장이 잘못되었고, 근거가 바르지 않음을 밝힐 수 있어요. 그러니 입안을 준비할 때는 개념과 용어를 정확히 이해하고, 근거 자료의 출처도 분명히 알고 있어야 하겠죠? 동시에 상대방이 의견을 이야기할 때 주의 깊게 잘 들어야 하고요.

반박하기, 상대 주장이 타당한지 살펴요

반박은 입안에서 제시된 상대 주장을 부정하는 것이에요. 하지만 이유도 없이 무작정 부정할 순 없죠. 상대의 주장과 근거 하나하나를 꼼꼼하게 살피면서 옳고 그름을 판단하는 거예요. 이는 토론에서 승부를 가르는 중요한 요소라 할 수 있어요.

"근데 인간 복제가 필요한 경우도 있지 않을까요? 이를 테면 교통사고로 죽은 자식의 살아 있는 세포를 건질 수 있다면 그것을 엄마가 자기 난자와 결합시켜서 죽은 아이와 똑같은 아이를 새롭게 얻을 수 있잖아요? 또 아기를 갖지 못하는 불임 부부의 경우에도 인간 복제로 자식을 얻을 수 있을 거고요."

"제 생각엔 그게 그렇게 간단한 문제가 아닐 것 같아요. 죽은 아이와 복제

된 아이는 겉으로는 같은 사람인 것처럼 보일지 몰라도 사실은 같은 사람이 아니잖아요? 그 둘은 유전적으로는 같겠지만 성격, 행동, 취향, 소질 같은 건 얼마든지 다를 수 있죠. 왜냐하면 어떤 사람이 되는가 하는 건 유전자뿐만 아니라 성장 환경, 사회적 조건, 자라면서 겪는 경험 등에 따라 달라지기 마련이니까요. 예를 들어 그렇게 복제해서 낳은 아이가 죽은 아이와 겉모습은 똑같은데 행동이나 성격이 전혀 다르다면 그 부모가 얼마나 혼란스럽겠어요?"

《생명 윤리 논쟁》 65쪽

    자식을 잃은 부모의 사례로 인간 복제의 필요성을 주장하는 것에 대해 그 주장의 타당성을 반박하고 있어요. 부모의 상실감이 죽은 자식의 복제로 치유되지 않고, 오히려 혼란만 줄 수 있다는 주장을 내세우며 상대 주장을 무력화시키려 하는 것이죠.

    이렇듯 반박은 상대 주장의 설득력을 떨어뜨리는 시도예요. 주장 자체의 타당성은 물론 전제와 근거 모두를 비판하는 것이죠. 반박을 잘하려면 당연히 토론 준비가 충실해야겠죠? 해당 주제에 대한 이해는 물론 상대의 주장도 세밀하게 이해해야 해요. 그러려면 상대가 의견을 말할 때 상대방의 의견을 주의 깊게 듣는 게 필요해요. 약점은 없는지, 근거는 바른지, 다르게 생각할 여지는 없는지 등을 꼼꼼히 살펴야 해요.

토론할 때 이것만은 꼭 지켜요

 마지막으로 토론할 때 꼭 지켜야 할 것을 몇 가지 당부할게요. 우선 토론할 때는 상대의 주장을 잘 들어야 해요. 상대 주장의 핵심을 정확히 파악해야 자기 주장과 비교해서 무엇이 더 논리적이고 설득력이 있는지 따질 수 있으니까요. 그리고 토론할 때는 꼭 이겨야겠다는 마음보다는 배운다는 열린 마음으로 임하는 것이 좋아요. 토론은 서로를 논리적으로 설

득하는 상호 과정이에요. 자기 주장만이 아니라 상대의 주장과 논리를 이해하고, 그 속에서 타당한 것은 수용하는 거예요. 그럼으로써 한 주제에 대해 보다 넓고 깊이 이해하게 되지요.

　자, 그럼 여러분, 이제 토론이 무엇인지, 어떻게 이루어지는지, 무엇을 꼭 지켜야 하는지를 알았어요. 이제 본격적으로《역지사지 실전 토론 노트》문제를 풀며 토론의 세계에 직접 참여해 볼까요? 문제 풀기 전에 팁을 하나 줄게요. 어떤 문제든 미리 어렵다 짐작하지 말고 문제를 차근히

읽고 문제에서 찾으라고 하는 것이 무엇인지 파악해요. 문제가 요구하는 것이 무엇인지 알아내는 것만으로도 답이 반은 나온 거나 다름없답니다. 남은 답은 곰곰이 생각하면 반드시 나와요. 생각의 힘은 생각을 하면 할수록 자란다는 걸 잊지 마세요. 한 문제 한 문제 풀어 나가면서 여러분 생각의 힘이 쑥쑥 자라나기를 기대합니다.

생각이 쑥쑥! 실전 토론 노트

역사 논쟁

최영민 글 | 오성봉 그림

1. 이 책에 나오는 새로운 용어나 이해하기 어려웠던 낱말의 뜻을 찾아 정리해 봅시다.

2. 다음은 고구려 역사를 한국사로 보는 팀과 중국사로 보는 팀의 주장입니다. 각각의 주장을 읽고, 각 주장의 근거를 찾아 적어 보세요.

한국 팀 : 고구려는 분명한 한국의 역사입니다. 고구려는 중국과 마찬가지로 자신만의 연호를 사용하고, 하늘의 후예임을 내세우는 나라였습니다. 고구려가 멸망한 이후 고구려 계승을 분명히 한 나라들이 발해, 고려 등으로 이어졌습니다. 고려 때 발간된 《삼국사기》나 《삼국유사》는 모두 고구려를 백제, 신라와 함께 우리 민족의 국가로 다루고 있습니다. 고구려는 오랜 세월에 걸쳐 한국으로 이어져 왔지만 중국에서는 고구려를 계승한 적이 없습니다. 고구려를 중국사라고 주장하는 것은 최근의 일이며, 그것은 '통일적 다민족 국가론'이라는 목적에 따라 역사를 꿰어 맞추는 것입니다. 중국은 현재의 중국 영토 안에서 일어난 역사는 모두 중국의 역사라며, 고구려 땅이 지금의 중국의 영토이기 때문에 중국의 역사라고 합니다. 그러나 과거의 역사를 현재의 영토를 기준으로 해서 자신의 역사라고 주장하는 것은 옳지 않습니다.

중국 팀 : 한국은 고구려가 발해와 고려로 계승된 한국의 역사라고 하지만 그것은 고구려 역사를 보는 한국의 생각일 뿐입니

다. 그러한 '생각'만으로 고구려를 한국의 역사라고 할 수는 없습니다. 고구려를 계승했다는 고려도 그렇고 조선도 과거 고구려의 영토를 이어가지는 못했습니다. 중국에는 한족 외 많은 소수 민족들이 있고 중국은 이들 모두를 통합하고 있는 다민족 국가로 이러한 민족들의 역사는 중국의 역사인 것입니다. 옛날 고구려 땅에 살던 사람들이나 그 후손들은 대부분 지금 중국 땅에 살고 있고, 고구려의 많은 유적들은 중국의 영토에 있는 중국의 것입니다. 그러므로 고구려는 중국의 역사입니다.

한국 팀 주장의 근거

중국 팀 주장의 근거

_____
_____
_____
_____
_____
_____

 《역사 논쟁》 37쪽을 참고하세요.
각 팀의 주장을 살피고 그렇게 주장하는 이유가 무엇인지 찾아보세요.

3. 다음은 일본의 식민지 지배가 한국의 근대화에 기여했다는 일본 팀의 주장입니다. 한국 팀 입장에서 이를 반박하는 글을 써 보세요.

"1910년부터 45년까지 일본이 통치를 한 36년 동안 한국, 아니 조선은 근대화되었습니다. 일본이 통치를 하기 이전의 조선은 봉건 시대에 있었습니다. 공업화가 전혀 이뤄지지 않았지만, 이후 일본에서 자본

역사 논쟁 19

이 들어와 공업 발전이 이루어졌습니다. 한국이 오늘날 세계적으로 경제가 발전한 국가가 될 수 있었던 건 일본의 통치 기간에 경제 발전이 있었기 때문입니다. 또 철도는 근대화의 상징이라고 합니다. 이러한 철도는 일본에 의해서 건설되었고, 이것은 대부분 지금도 한국에서 사용되고 있습니다. 토지 조사 사업으로 새로운 토지 소유 제도를 만들었고 곡물 생산을 늘리는 등 농업을 발전시켰습니다. 이렇게 조선은 이전에 없던 발전을 했고, 이것은 일본의 통치로 이루어진 것입니다."

《역사 논쟁》 80~97쪽을 참고하세요.
한국의 근대화에 기여했다는 주장의 근거를 찾아 타당한 근거인지 확인한 후에, 이를 하나하나 비판하는 구성을 해 보세요.

4. 다음은 일본군 위안부가 강제로 동원된 것이 아니라는 일본 측 주장의 일부입니다. 이에 대한 한국 측의 반박 근거를 찾아 써 보세요.

> 검사가 자리로 돌아간 후 변호인석을 보며 판사가 말했다.
> "변호인, 반대 신문하십시오."
> "다시 증인을 부르지는 않겠습니다. 검사단이 세운 증인들은 모두 강제로 위안부가 된 여성들입니다. 하지만 자신의 의사에 따라 위안부가 된 여성도 있다는 것을 지적합니다. 여기 이 사진을 봐 주십시오."
> 일본 변호인의 말에 따라 스크린에 뭔가를 복사한 듯한 사진이 떴다.
> "이 사진은 위안부 모집을 하는 신문의 광고입니다. 이것은 위안부가 강제가 아닌 방식으로 이뤄진 것임을 보여 주는 자료입니다."
> 이에 남한 검사가 피식 웃으며 말했다.
> "이 광고로 어떤 여성이 자기 의사에 따라 위안부가 됐으리라 추측할 수는 있을 겁니다. 그러나 이 광고 하나를 근거로 많은 여성들이 강제로 끌려갔다는 사실이 없다고 주장하는 겁니까?"
> "위안부 문제의 제대로 된 진실을 봐야 한다는 겁니다."

66
_____

_____

_____

_____

_____

_____

_____

 《역사 논쟁》 117~119쪽을 참고하세요.
사례를 근거로 제시할 때는 그 사례가 많은 사람들의 공감을 얻을 수 있어야 해요. 일본 변호사의 주장을 뒷받침하는 근거의 타당성을 살펴보세요.

5. 다음 글은 독도의 영유권을 주장하는 일본 팀과 한국 팀의 토론 내용입니다. 글을 읽고 일본 팀 주장을 한국 팀 입장에 근거해 비판하는 글을 써 봅시다.

> **일본 팀** : 그게 아니니까 이후에 독도가 일본 영토라고 선언했죠. 이게 중요한 겁니다. 누구나가 다 알 수 있도록 분명하게 우리 땅, 일본 땅이라고 정식으로 선언한 게.
> **한국 팀** : 1905년에 독도를 일본 시마네 현에 넣은 것 말인가요?
> **일본 팀** : 그렇습니다.

한국 팀 : 그건 남의 땅을 불법으로 자기 땅이라고 한 거죠.

일본 팀 : 국제법상 명백한 주인이 없는 곳을 자기 나라의 땅으로 하는 건 불법이 아닙니다.

한국 팀 : 주인 없는 땅이라니요? 그럼 17세기부터 일본 땅이라고 한 건 뭔가요?

일본 팀 : 그게 잘못됐다는 게 아니라, 일본 땅이라는 걸 다시 확인한 겁니다. 울릉도는 조선과 일본이 협상해서 영유권을 분명히 했지만, 독도는 누구의 땅인지가 명확하게 되어 있는 게 없었습니다. 그렇기 때문에 영유권을 확실하게 선언하는 나라에 권리가 있는 겁니다.

한국 팀 : 그 말이 맞다고 해도 조선 정부와 협의도 없이 멋대로 선언하는 게 뭐가 합법적입니까?

일본 팀 : 조선에서 아무런 항의를 하지 않았기 때문에 합법인 겁니다.

한국 팀 : 조선에 알리지도 않았잖아요? 다른 나라에 알린 것도 아니고, 일본 안에서만 그렇게 했고요. 그리고 그때는 일본이 조선의 외교권을 빼앗아 갔잖아요.

일본 팀 : 어쨌든 먼저 우리 땅이라고 영유권을 선언하는 게 중요하지 않나요?

한국 팀 : 주인 없는 땅이라고 하는 게 문제죠. 또 독도에 대해서는 한국이 일본보다 앞서 선언한 게 있습니다. 1900년에 대한

> 제국 칙령 41호로, 그러니까 이건 고종 황제의 명령이에요. 울릉도와 죽도, 독도를 강원도에 넣도록 했습니다. 일본보다 4년 앞선 건데 일본이 이를 모를 리 없죠.

"

"

 《역사 논쟁》 180~184쪽을 참고하세요.
일본 팀 주장과 근거를 먼저 찾아본 후에 근거가 타당한지 살펴보세요. 그리고 주장을 어떻게 반박할지를 생각해 보세요.

6. 다음은 바다 이름을 어떻게 정해야 할지에 대한 일본 팀과 한국 팀의 토론입니다. 다음 글을 읽고, 이를 참고해 아래 제시된 신문 기사에 대한 자신의 생각을 써 봅시다.

> 세진의 얼버무리는 듯한 말을 자르며 한국 팀 종수가 말했다.
> "다른 나라에서 어떻게 불렀느냐가 아니라 그 바다와 함께 사는 사람들이 어떻게 불렀고 부르느냐가 더 중요한 게 아닐까요? 국제기구는 그걸 반영해서 이름을 정해야 하고……."
> 선생님이 종수를 쳐다보았으나 그보다 종수는 지영의 시선이 느껴졌다.
> "그렇다고 한 나라를 기준으로 하는 건 맞지 않죠."
> 일본 팀 원우가 조용한 목소리로 말했다.
> "동해는 오랜 역사가 있는 이름이에요. 서양에도 그런 예가 있고요."
> 한국 팀 현희가 지도가 복사된 종이 한 장을 들며 말했다.
> "유럽에 북해라고 있는데, 영국에서 보면 동해지만 북해라고 쓰고 있어요. 덴마크에서 보면 서해인데 북해라고 같이 쓰고 있어요. 역사가 오래되어서 그런 건데, 동해는 그것보다 더 오래된 이름입니다."
> 지도의 '북해'라는 글자에 동그라미를 그리는 현희의 손가락을 보며 원우가 말했다. 목소리에 기운이 없어 보였다.
> "일본해라는 이름도 오래된, 역사가 있는 이름입니다. 국제 수로 기구도 그걸 알았기 때문에 일본해로 정한 거고요."

"1929년 국제 수로 기구의 결정은 다른 이름을 제대로 살펴보지 않고 일본의 주장만 받아들인 것이니까 이제 다시 결정하는 게 맞습니다."

"그거야 국제 수로 기구에서 정하겠지만, 한국의 말만 듣고 그렇게 할 수는 없는 겁니다."

"여러 나라가 함께 있는 지명은 그 나라들이 함께 협의해서 정하는 게 상식입니다."

"일본은 반대입니다. 일본으로서는 한국의 동해에 찬성할 수가 없죠. 만약에 일본이 서해라고 한다면 한국은 찬성할 수 있겠어요?"

일본 팀 지영이 나섰다. 종수가 고개를 끄떡이며 말했다.

"그럴 수 없겠죠. 그러니까 일본도 한국이 일본해를 받아들일 수 없다는 걸 이해해야 합니다."

"그건 일본에 대한 반일 감정으로 그런 거 아니에요?"

"그럴 수도 있지만, 한국이 동해가 아니라 한국해라고 하자면 일본은 어떻겠어요?"

"그야, 뭐······."

지영이 말을 흐렸다. 그러자 호준이 벼르던 말을 꺼냈다.

"그래서 한국과 일본이 이름을 합의해서 써야 한다는 겁니다."

"합의가 되겠어요? 일본해는 이미 정해진 건데, 일본이야 그럴 필요가 없죠."

일본 팀 세진의 말을 다시 종수가 받았다.

"그러면 두 이름을 함께 써야죠. 이름을 합의하지 못하면 각 나라에서 쓰는 이름을 함께 쓰는 게 원칙입니다."

○○일보

미국 공립 학교 교과서에 동해(East Sea)와 일본해(Sea of Japan) 표기 문제를 두고 논란이 계속되고 있다. 일본해로 단독 표기되어 있는 것을 동해와 함께 표기하자는 움직임이 활발한 가운데 동해 단독으로만 표기하자는 법안이 나와 관심을 받고 있다.

토니 아벨라 뉴욕 주 상원 의원은 2014년 2월 11일 뉴욕 주 상원에 일본해 대신 동해만 단독 표기하도록 하자는 법안을 제출했다. 그는 동해가 일본이 한국을 침략해 식민지로 만들기 전에 2천여 년간 사용된 이름이었다며, 일본해나 일본해-동해로 표기하는 것이 아닌 동해로 단독 표기해야 한다고 주장했다.

한편 일본은 일본해 단독 표기를 지키기 위해 수억 원의 비용을 들여 다양한 로비 활동을 벌이고 있는 것으로 알려졌다.

《역사 논쟁》 212~231쪽을 참고하세요.
토론 내용과 신문 기사의 중심 내용을 찾아 비교해 보세요. 그리고 바다 이름을 어떻게 표기하는 것이 좋은지 본인의 의견을 생각해 보세요.

환경 논쟁
장성익 글 | 박종호 그림

1. 이 책에 나오는 새로운 용어나 이해하기 어려웠던 낱말의 뜻을 찾아 정리해 봅시다.

2. 다음은 지구 온난화 문제가 심각하다는 주장의 일부입니다. 제시된 글을 읽고 완성된 주장이 되도록 빈칸을 완성하여 봅시다.

　　지구 온난화란 사람들의 산업 활동과 일상 활동에서 배출되는 이산화 탄소 같은 온실가스로 인해 지구의 온도가 갈수록 높아지는 것을 말합니다. 공장에서 물건을 만들거나 자동차를 타고 다니거나 석탄을 태워서 전기를 만드는 것과 같은 다양한 인간 활동에서 나오는 온실가스가 지구 온난화를 일으키는 원인이지요. 우리에게 에너지를 제공해 주는 석유, 석탄, 천연가스 같은 화석 연료를 지나치게 많이 사용하는 것이 온난화의 주범입니다.

　　지난 백 년간 지구의 평균 온도는 0.75도 올라갔습니다. 0.75도 올라간 것이 별 거 아니라고 생각할 수도 있습니다. 그래서 지구 온난화가 큰 문제가 아니라는 주장도 있습니다. 하지만 지구의 생태계는 작은 온도 변화에도 매우 민감합니다.

_____

_____

_____

_____

_____

_____

_____

_____

_____

_____

_____

_____

_____

_____ 그러므로 지구 온난화 문제를 가능한 빨리 해결하도록 노력해야 합니다.

《환경 논쟁》 60~69쪽을 참고하세요.
지구 온난화로 인해 지구 생태계가 어떻게 달라졌는지 찾아보세요.
지구 온난화 해결을 위한 노력이 시급함을 주장할 때 필요한 근거를 찾아보세요.

3. 다음은 에너지 문제에 대한 정수와 현준의 토론입니다. 두 사람의 대화를 읽고 이어질 정수의 의견을 추측해 써 봅시다.

> 정수 : 석유 생산이 정점에 이르러 머지않아 고갈될 것이라는 '피크 오일'은 이미 알려진 사실입니다. 10~20년 후일 거라는 주장도 있고, 이미 피크 오일이 지났다는 주장도 있습니다. 시기에 대한 의견은 사람마다 다를 수 있지만, 석유가 언젠가 고갈될 것이라는 것은 분명한 사실입니다.
>
> 현준 : 석유 생산 정점을 예상하는 시기가 사람마다 다르다는 것은 그 주장에 문제가 있다는 겁니다. 정확하지 않은 걸 갖고 어떤 결론을 내리는 건 잘못된 것이니까요. 석유 고갈은 정확하게 증명하기 어렵습니다. 석유가 전 세계에 얼마나 묻혔는지 제대로 알지 못하기 때문입니다.
>
> 정수 : 아직 우리가 모르는 곳에 묻혀 있는 석유가 있을 겁니다. 이제까지 인류가 사용한 석유는 채굴하는 데 기술적으로 별로 어렵지 않았고, 비용도 적게 들었으며, 질도 가장 좋은 것이었어요. 하지만 남아 있는 석유는 대부분 북극 지역이나 바다와 땅속 깊은 곳에 묻혀 있습니다. 채굴하는 비용도 많이 들고 질도 좋지 않은 것들입니다. 석유에서 얻는 이익보다 쓰는 비용이

더 듭니다.

현준 : 초기에 석유를 채굴할 때에 비해 지금은 기술이 훨씬 발전했습니다. 지금도 새로운 유전을 찾아내는 기술과 채굴하는 기술은 발전하고 있습니다. 석유를 정제해 효율을 높이는 기술도 발전하고 있고요. 과거에 기술과 자본이 없어서 개발을 포기했던 유전이 개발되고 있습니다. 앞으로 기술 개발을 한다면 더 많은 석유를 채굴하여 사용할 수 있습니다. 따라서 석유 고갈 사태는 일어나지 않을 겁니다.

정수 :

《환경 논쟁》 92~103쪽을 참고하세요.
석유 발견량과 석유 소비량에 대한 정보를 찾아서 비교해 보세요.

4. 석유 고갈에 대처하는 대안 에너지에 대한 자신의 의견을 정리해 봅시다. 자신의 주장을 정리할 때 다음 글 상자 안의 문장 중 하나를 선택하여 이를 반박하는 구성으로 써 보세요.

① 태양광, 풍력과 같은 재생 에너지는 현재 인류의 활동에 필요한 만큼 충분하게 공급할 수 없습니다.

② 핵(원자력)에너지는 핵폐기물과 사고처럼 인류에게 치명적인 위험을 줄 수 있기 때문에 대안 에너지가 될 수 없습니다.

《환경 논쟁》 23~39쪽, 98~109쪽을 참고하세요.
핵에너지와 재생 에너지가 석유 고갈의 대안 에너지로 충분하다는 주장을 뒷받침할 근거를 찾아보세요.

5. 다음 토론 내용을 읽고 논의의 흐름에 맞지 않는 주장을 한 친구를 찾아 (   )안에 이름을 적고 친구의 주장을 적절하게 고쳐 봅시다.

현준 : 환경 위기가 갈수록 깊어 가는 상황에서 환경을 중시하고 자연과 조화를 이루는 새로운 경제가 필요하다는 겁니다. 인간과 자연을 동시에 살리고 행복하게 해 주는 그런 경제가 필요합니다.

정수 : 틀린 말은 아니지만, 지금은 환경보다는 개발을 우선해야 합니다. 환경을 지킨다고 트랙터 대신 소로 농사를 지으면 석유 소비도 줄고 환경 오염도 없겠죠. 그러나 많은 토지를 경작할 수 없고 당연히 수확량도 줄게 됩니다. 늘어난 인구를 생각하면 약간의 환경 오염이 있더라도 지금은 식량 생산을 늘려야 할 때입니다.

진아 : 지구 환경은 이미 위험한 상태예요. 지구의 한계를 고려하지 않은 채 경제 발전만 추구한 결과가 어떻습니까? 자원 고갈과 지구 온난화, 이런 문제를 낳고 있잖아요? 경제만 중시하는 태도는 이제 바람직하지 않을 뿐만 아니라, 계속될 수도 없어요. 지구 환경이 더 망가지기 전에 경제 성장만 강조하는 생각을 바꿔야 합니다.

민철 : 경제 성장이 계속되어야 나라 살림이 커지고 국민들의 생활도 나아집니다. 경제 성장이 더뎌지면서 실업자가 늘어나고 못 사는 사람들의 살림도 나아지지 않습니다. 사회 양극화는 경제 성장이 부족해서 그런 겁니다. 경제 성장이 되면 국민 모두가 노력한 만큼 잘살 수 있고, 사회 양극화는 해결됩니다.

유림 : 환경을 강조한다고 해서 경제를 소홀히 하자는 게 아닙니다. 환경이 파괴되는 것에는 아랑곳하지 않고 오로지 경제 성장만 강조해서는 안 된다는 겁니다. 경제 성장에 도움이 된다고 마구잡이로 산을 깎고 강을 파헤치는 것, 수출에 도움이 된다고 온실가스와 유해 물질을 내뿜는 산업을 키우는 것, 이런 것을 멈춰야 합니다.

혜은 : 마구잡이로 강을 파헤쳤다고요? 우리나라는 물 부족 국가입니다. 곧 먹을 물도 모자라게 됩니다. 4대 강 사업은 반복되는 홍수를 막고 농업과 공업에 필요한 물을 확보하기 위한 거예요. 더구나 4대 강 사업을 국가적 사업으로 시행하면서 일자리가 늘어나고 경제에도 도움이 됐어요.

(   ) :
_____
_____
_____
_____
_____
_____

(   ) :
_____
_____
_____
_____
_____
_____

 《환경 논쟁》 128~138쪽을 참고하세요.

'환경과 경제(개발) 관계'에 대한 토론이에요. 토론 주제와 다른 이야기를 하고 있는 친구를 찾아보세요. 환경과 경제(개발)의 관계를 논하지 않고, 환경 혹은 경제(개발)에만 치우쳐서 이야기하는 건 논점에서 벗어난 것입니다.

6. 다음은 동물과 인간의 관계에 대한 토론입니다. 토론 흐름에 맞게 빈 칸에 들어갈 적당한 내용을 채워 봅시다.

> 정수 : 사람은 동물과 달리 세계를 변화시키는 존재입니다. 동물은 그저 자연에 순응하고 자연 환경에 맞추어 생존만 해 나갈 뿐입니다. 하지만 인간은 세상과 자연을 이끌어 가는 주체이자 주인공입니다.
>
> 진아 : 동물도 사람과 똑같이 소중한 생명체로 대해야 합니다. 동물을 학대하는 건 큰 잘못입니다. 환경 보호란 것도 결국 자연과 생명을 사랑하고 잘 보살피는 거잖아요? 따라서 우리 주변의 동물을 아끼고 배려하는 마음을 갖는 데서 환경 문제를 해결할 수 있는 하나의 실마리를 얻을 수 있다고 생각합니다.
>
> 정수 : 물론 동물 학대는 잘못된 겁니다. 하지만 동물을 사람과 똑같은 생명체로 대해야 한다는 건 지나친 억지 주장입니다. 이성과 언어, 탁월한 지능과 문화를 가진 존재는 사람밖에 없습니다. 따라서 사람이 자신을 위해 동물을 비롯한 자연을 활용하는 건 당연한 일입니다.

진아 : 그럼, 동물이 물건인가요? _____

_____

_____

_____

_____

_____

_____

_____

_____

 《환경 논쟁》152~173쪽을 참고하세요.
동물이 인간에 비해 부족한 존재라고 해서 물건 취급을 해서는 안 된다는 취지로 '동물이 물건인가?'라고 반문했으므로, 동물을 물건 취급하는 사례를 들고 그래서는 안 되는 이유를 서술해 보세요.

복지 논쟁

류재숙 글 | 박종호 그림

1. 이 책에 나오는 새로운 용어나 이해하기 어려웠던 낱말의 뜻을 찾아 정리해 봅시다.

2. 다음은 무상 급식에 대한 토론입니다. 토론 내용을 읽고 어떤 주제로 토론하고 있는지 한 줄로 정리해 봅시다. 그리고 대립하는 각 주장을 찾고 그 근거가 무엇인지 써 봅시다.

> 하나 : 급식비를 충분히 낼 수 있는 부잣집 친구들한테도 무상 급식을 해야 한다는 것이 이해가 안 돼요. 그 돈으로 어려운 친구들에게 더 많은 혜택을 주자는 것이 왜 잘못된 것인가요?
>
> 상현 : 어려운 친구들에게 더 많은 혜택을 주자는 것에 반대하는 것이 아닙니다. 방법이 잘못되었다는 것입니다. 잘살고 못사는 것으로 무상 급식을 받는 친구를 구분하게 되면, 무상 급식을 받는 친구들은 가난한 아이로 낙인 찍혀 눈칫밥을 먹게 될 것입니다.
>
> 정연 : 소득과 상관없이 부잣집 친구들에게도 무상 급식을 실시하는 것은 필요 없는 사람에게까지 복지 혜택을 주는 '복지의 과잉'입니다.
>
> 지은 : 부잣집 친구에게 무상 급식을 하는 것이 왜 잘못인가요? 지금 초등학교는 의무 교육이고, 부자나 가난하거나 상관없이 모두 무상 교육을 받고 있지요. 부자라고 해도 무상 교육을 받는 것

이 하나도 이상하지 않아요. 학교 급식도 마찬가지라고 생각합니다.

정연 : 하지만 한정된 예산으로 전면 무상 급식을 하게 되면 그만큼 다른 부분에 써야 할 예산이 줄어들 수밖에 없습니다. 무상 급식은 어려운 학생들을 대상으로 하고, 나머지 예산은 결식아동이나 방과 후 학교 등 어려운 친구들을 위해 써야 합니다.

상현 : 선별적으로 무상 급식을 하기 위해서 가난한 친구를 구분하는 것이 잘못되었다는 것입니다. 한 교실에서 부자인 반쪽은 급식비를 내고, 가난한 반쪽은 무상으로 밥을 먹는 모습은 같은 반 친구들을 갈라놓는 겁니다.

토론 주제

대립하는 주장 ①

근거 :

대립하는 주장 ②

근거 :

 《복지 논쟁》 30~36쪽을 참고하세요.
무상 급식 대상을 누구로 할 것인지를 놓고 논쟁하고 있고, 하나와 정연, 상현과 지은으로 의견이 대립하고 있음을 생각하세요.

3. 다음은 가족 없이 홀로 사는 노인인 독거노인을 누가 보살펴야 하는가에 대한 '가족 책임 팀'과 '국가 책임 팀'의 토론입니다. 토론 내용을 읽고 '국가 책임 팀' 입장에서 독거노인을 보살피는 책임이 국가에 있다는 것을 우리나라 헌법을 이용해 주장하는 글을 작성해 봅시다.

가족 책임 팀 : 독거노인에 대해서는 먼저 가족이 보살피는 것이 옳습니다. 부족한 부분에 대해서 나라에서 지원하는 것이 옳다고 생각합니다.

국가 책임 팀 : 요즘 양육비, 교육비, 집값 같은 비용이 너무 많이 들어가죠. 그래서 아이도 적게 낳고 계속 빚을 지면서 살고 있는데, 결국 부모님을 모시기 싫은 것이 아니라 모실 능력이 안 되기 때문에 문제가 되는 겁니다. 그러니 나라에서 보살펴야죠.

가족 책임 팀 : 능력이 안 된다고 해서 낳아 주고 길러 주신 부모님을 모시는 걸 피하면 안 되죠. 최선을 다해서 가족이 모시고, 능력이 안 되거나 어려운 집은 나라에서 지원하면 됩니다.

국가 책임 팀 : 가족들이 노인들 모시는 걸 피해서가 아니라 그럴 형편에 있지 못해서 생기는 문제입니다. 그리고 예전에 노인들은 가족이 부양해야 한다고 생각했는데, 이제는 노인들도 자식이 부양하는 것을 기대하지 않습니다.

가족 책임 팀 : 노인이 되면 병이나 부상 때문에 정상적인 생활이 힘들다고 해요. 갑자기 병이 들거나 다치기라도 하면 나라에서 어떻게 알겠어요? 같이 살지도 않는데. 더구나 혼자 살면 외로움 때문에 더 힘들다고 해요. 그러니 가족이 옆에 있으면서 보살피는 게 맞아요.

국가 책임 팀 : 할아버지, 할머니와 한 가족으로 살던 시대에는 그럴 수 있지만, 지금은 노인들이나 그 자식들도 함께 사는 걸 원하지 않아요. 점점 서로 한 가족이라고 생각하지 않아요. 그런 상황인데도 계속 가족의 책임만 강조하는 건 올바르지 않아요.

가족 책임 팀 : 그렇다고 나라에 책임을 지우는 것도 올바르지 않아요. 나라에서 해야 할 일이 얼마나 많아요? 국방이나 경제 이런 데 쓸 돈도 부족한 상황입니다. 나라는 가

족들이 스스로 노인을 모시지 못하거나 가족이 없는 노인들을 지원하는 역할만 하면 됩니다.

 《복지 논쟁》 157~160쪽을 참고하세요.
'대법원 종합 법률 정보(glaw.scourt.go.kr)' 사이트에서 '법령 → 헌법 →대한민국 헌법 → 제 2장 국민의 권리와 의무 제34조' 순으로 검색해 살펴보세요.

4. 다음은 대학 등록금에 대한 세 가지 토론입니다. 토론 (가)와 (나)를 읽은 후 같은 입장의 학생끼리 팀을 나눠 보세요. 그리고 만약 이들이 토론 (다)에 참여했다면 어떤 발언을 했을지 적당한 내용 옆에 각각의 이름을 쓰고 각 팀의 주장도 써 보세요.

토론 (가)

치국 : 대학 등록금이 비싸다고 탓하지 말고 열심히 공부해서 장학금 타면 되지 않나요? 대학 등록금은 개인이 열심히 노력하면 해결될 수 있습니다.

테리 : 음, 말하자면 장학금은 내가 타면 다른 사람은 못 타게 되요. 누가 타든 간에 또 다른 사람은 한숨 쉬게 되는 거죠. 장학금으로 등록금 전쟁이 해결되지는 않는단 말입니다.

치국 : 장학금을 늘리면, 그래서 장학금을 받는 사람이 많아지면 해결되는 거 아닌가요?

테리 : 장학금을 얼마나 늘려야 등록금 문제가 해결될까요? 개인에게 장학금을 주는 대신, 전체 대학생에게 등록금을 내리는 것은 왜 안 되는 거죠?

토론 (나)

하나 : 당장 등록금에 도움이 되는 것은 학자금 대출이라고 생각합니다. 학자금 대출을 늘리고, 이자도 다른 대출보다 낮춰 주어야 해요. 갚는 것도 졸업 후로 미뤄 주고요.

지은 : 학자금 대출은 언젠가는 갚아야 할 빚입니다. 대출을 받았다가 갚느라고 고생하거나 신용 불량자가 되기도 해요. 장학금이나 학자금 대출이 당장은 도움이 될지 모르지만, 등록금 문제를 해결할 수는 없어요.

하나 : 물론 등록금이 싸지면 좋지만 그게 어렵기 때문에 못 내리는 건데, 내려야 한다는 주장만 계속하면 해결되나요? 실제로 도움이 되는 것은 장학금과 학자금 대출을 늘리는 것입니다.

지은 : 제 말은, 장학금과 학자금 대출을 하지 말자는 것이 아닙니다. 해마다 치솟는 등록금을 막지 않는 이상, 장학금이나 학자금 대출로는 문제가 해결될 수 없다는 거예요.

토론 (다)

(   ) : 대학 교육을 받은 사람은 그 혜택으로 좋은 직장, 안정된 미래를 갖게 되잖아요. 따라서 그 혜택을 받는 개인이 대학 등록금을 부담하는 것이 맞다고 생각해요. 대학 등록금은 개인적인 문제인데, 여기에 국민 세금을 사용하는 것을 반대하는 것입니다.

(   ) : 고등학교 졸업생 10명 중에 8명이 대학에 간다고 합니다. 이제 좋든 싫든 대학을 나와야 하는 시대에 살고 있지요. 하지만 비싼 등록금 때문에 가난한 서민들은 대학을 포기하고 있습니다. 모두가 대학에 가야 하는 상황이라면, 당연히 등록금은 국가에서 지원해서 서민들에게 교육의 기회를 열어 주어야 해요.

(   ) : 대학 교육은 초등학교나 중학교처럼 의무 교육이 아니잖아요. 의무 교육도 아닌 대학 교육을 왜 국가가 책임져야 하나요? 국가가 대학 등록금을 지원해야 한다고 주장하지만, 이거 모두 국민의 세금이에요. 대학을 졸업했거나 대학생이 아예 없는 집도 있는데,

> 대학에 다니는 일부 사람들을 위해 국민의 세금을 사용하는 것은 공정하지 않다고 생각해요.
>
> (　　　) : 비싼 등록금 때문에 힘든 것은 돈이 없고 가난한 서민들입니다. 서민들이 대학을 못 가게 되면 가난한 사람은 더 가난해지고 잘사는 사람은 더 잘살게 되는 사회 양극화가 더 심해질 거예요.

주장 ①

_____
_____
_____

주장 ②

_____
_____
_____

 《복지 논쟁》 54~68쪽을 참고하세요.
장학금 지급 확대나 학자금 대출은 대학 등록금의 부담 주체를 개인으로 보는 태도임을 생각하세요.

5. 다음은 저출산 문제의 원인에 대한 남학생 팀과 여학생 팀의 토론입니다. 토론 내용을 읽고 한 입장을 선택하여 자신의 생각을 정리해 봅시다. 이때 반드시 아래 제시된 도표 (가), (나) 중 하나를 골라 근거로 활용하세요.

선생님 : 그래, 맞았어. 아이를 적게 낳는 데에는 크게 두 가지 이유가 있어. 하나는 결혼과 출산을 꺼리는 사람들의 생각 때문이고, 다른 하나는 결혼과 출산을 힘들게 하는 사회적 원인 때문이지. 그렇다면 둘 중 무엇이 더 주요한 원인일까?

여학생 팀 : 결혼을 안 하는 이유를 먼저 생각해 볼까요? 자아 성취를 위해 결혼하지 않고 혼자 사는 경우도 있겠지요. 그러나 따져 보면, 혼자 사는 것이 좋아서가 아니라 결혼이 싫어서입니다. 결혼해서 얻는 것보다 희생해야 할 것이 더 많다면 누가 결혼하려고 할까요?

남학생 팀 : 미혼 여성을 대상으로 설문 조사를 했는데요, 결혼을 안 하는 이유가 결혼 비용이나 경제적 부담보다는 교육이나 자아 성취 때문이라는 대답이 훨씬 많았어요. 가족보다는 자기 행복이나 자아실현을 더 중요하게 생각하기 때문

에 결혼을 하지 않는 거예요.

여학생 팀 : 여성들이 자기 행복을 위해 결혼이나 아이 낳기를 피한다고 생각하나요? 여성들이 왜 결혼이나 출산을 하지 않으려고 하는지 먼저 그 이유를 이해해야 합니다. 그렇지 않으면 여성들의 결혼 파업이나 출산 파업은 계속되겠죠.

남학생 팀 : 여성의 경제 활동과 출산은 반비례한다고 하는데……. 음, 여성들의 교육 수준이 높아지고 경제 활동이 활발해지면서 결혼이나 출산보다는 개인적인 발전이 더 중요하다고 생각하는 것이 원인인 것 같습니다. 하지만 무엇보다 결혼과 출산을 부정적으로 생각하는 것이 문제가 아닐까요?

여학생 팀 : 그것보다는 이 사회가 여성들의 출산과 양육을 도와주지 않는다는 게 더 큰 문제지요. 여성들의 사회 활동은 점점 활발해지는데, 가사나 아이 키우기는 여전히 여성들의 몫으로 남아 있어요. 그러면 어떻게 될까요? 여성들은 일과 결혼 혹은 일과 자녀 중에 하나를 선택할 수밖에 없어요.

(가) 20~30대가 생각하는 출산 장애 요인(%)

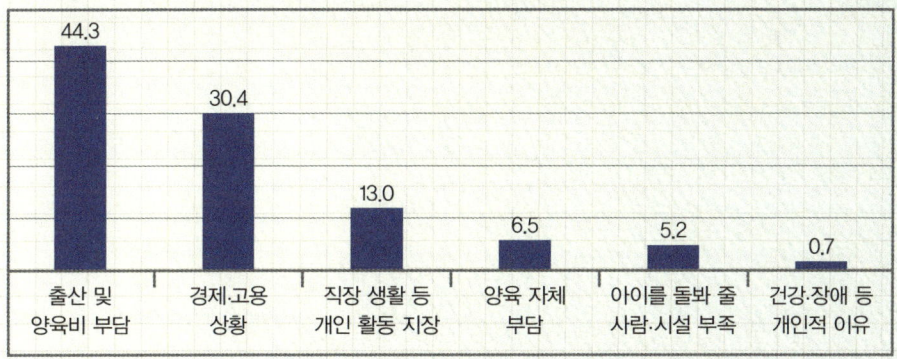

현대경제연구원(2014), 출산율 부진의 배경과 시사점 보고서

(나) 결혼하면 나의 생활이 구속될 것이라 생각하는 여성 비율 (%)

	매우 그렇다	약간 그렇다	별로 그렇지 않다	전혀 그렇지 않다
중졸 이하	0.0	56.7	30.1	13.1
고졸	10.9	63.3	23.0	2.8
전문대졸 이상	8.5	62.2	27.3	1.9

한국여성정책연구원(2008), 여성 가족 패널 조사 자료

《복지 논쟁》 122~124쪽을 참고하세요.
저출산 현상의 원인을 사회적 문제로 보는가, 개인적 문제로 보는가를 놓고 의견 대립이 있을 수 있습니다. 제시된 도표는 각각 한 의견의 근거 자료가 될 수 있음을 생각하세요.

6. 장애인 복지 문제에 대한 토론을 하려 합니다. 자신의 생각을 정리해서 발표하기 위한 쟁점 노트를 만들어 봅시다. 쟁점 노트에는 자신의 생각과 그렇게 생각하는 이유의 핵심만 정리하고 이를 기초로 완성된 발표문(입안)을 만들어 봅시다.

주요 쟁점	나의 주장	근거
장애 원인에 대한 관점		
복지의 책임		

주요 쟁점	나의 주장	근거
복지의 대상		
복지의 방법		

《복지 논쟁》 174~198쪽을 참고하세요.
본문을 읽고, 빈칸에 맞는 내용을 찾아 적어 보세요.

양극화 논쟁(개정판)

최영민 글 | 박종호 그림

1. 이 책에 나오는 새로운 용어나 이해하기 어려웠던 낱말의 뜻을 찾아 정리해 봅시다.

2. 다음 글에는 사회가 어떻게 발전해야 하는지에 대한 서로 다른 태도가 나타나 있습니다. 글을 읽고 이에 대한 자신의 주장은 어느 쪽인지 정리해 봅시다. 이때 다음 제시어가 포함되도록 글을 작성해 보세요.

[제시어]

사회, 경쟁, 개인, 협력

"사회 복지 한다고 부자들에게 세금을 더 내라는 거나, 경쟁을 못하게 하는 건 그 사람들의 자유를 침해하는 거죠."

"많이 번 사람한테 세금 더 내라는 게 무슨 자유 침해……."

"부자들이 노력해서 번 재산을 마음대로 사용할 수 없게 하는 건데 침해죠."

예리의 말에 사회 복지 팀 아이들이 상의를 했다. 잠시 후 인경이 입을 열었다.

"양극화는 그런 부자들의 자유가 너무 커서 생긴 문제라고 할 수 있어요. 경제 성장이나 자유 경쟁만 주장하면 양극화는 해결될 수 없는 거예요."

"너무 커요? 자유는 누구에게나 똑같이 보장되는 건데……."

경제 성장 팀 대현이 기가 차다는 얼굴을 했다.

"자유는 누구한테나 있는 것이지만, 사회 전체를 위해서 줄일 수도 있는 겁니다. 몇몇 사람들만이 잘사는 나라가 아니라 국민 모두가 잘살 수 있는 사회를 만들기 위해서는 그렇게 해야 합니다."

"사회 전체를 위한다고 개인의 자유를 줄여야 한다는 건 잘못된 생각입니다."

대현의 눈이 커졌다.

"개인의 자유만 내세우고 서로 협력해서 함께 잘살 수 있는 길을 찾지 않는 것도 잘못된 생각입니다."

사회 복지 팀 건오가 말했다.

"더 많은 성과를 얻기 위해 서로 경쟁하는 속에서 경제 성장도 되고 사회가 발전합니다. 그래야 지금 부자가 아닌 사람들도 노력에 따라 부자가 될 수 있는 기회가 생기는 거고요."

경제 성장 팀 재호가 말했다.

"누구나 잘살고 싶어 하지만, 그게 남보다 더 많이 가져야 하는 것도 아니고, 꼭 남을 이겨야 되는 것도 아닙니다. 사회에서 살아가는 데 꼭 필요한 것을 얻는 것조차 경쟁하게 하면 양극화는 해결되지 않습니다."

사회 복지 팀 지원이 입술이 마른 듯 아랫입술을 빨았다.

《양극화 논쟁》 62~66쪽을 참고하세요.
사회가 어떻게 발전해야 할지 충분히 고민해 본 후에 제시어를 이용해서 주장을 써 보세요.

3. 다음은 교육 양극화에 대한 주장입니다. 글을 읽고 제시된 그림과 표를 근거로 이 주장을 비판하는 글을 작성해 봅시다.

교육은 백년대계라고 합니다. 성실하고 능력 있는 학생들을 훌륭한 인재로 교육시켜 대한민국의 미래를 세계 어느 나라에도 뒤지지 않도록 준비하는 것입니다. 우리나라는 민주주의 국가로 누구나 똑같이 교육을 받을 수 있는 기회가 있습니다. 가난한 사람이라고 해서 그런 기회가 없는 것은 아닙니다. 하지만 사람마다 능력과 노력이 똑같지는 않습니다. 더 많이 노력하고 더 뛰어난 능력을 가진 사람이 우수한 성적을 내는 것입니다. 남보다 좋은 실력을 갖춘 사람이 더 열심히 노력할 수 있도록 해야 사회에 훌륭한 업적을 남기고, 우리나라가 발전할 수 있습니다.

〈표 1〉

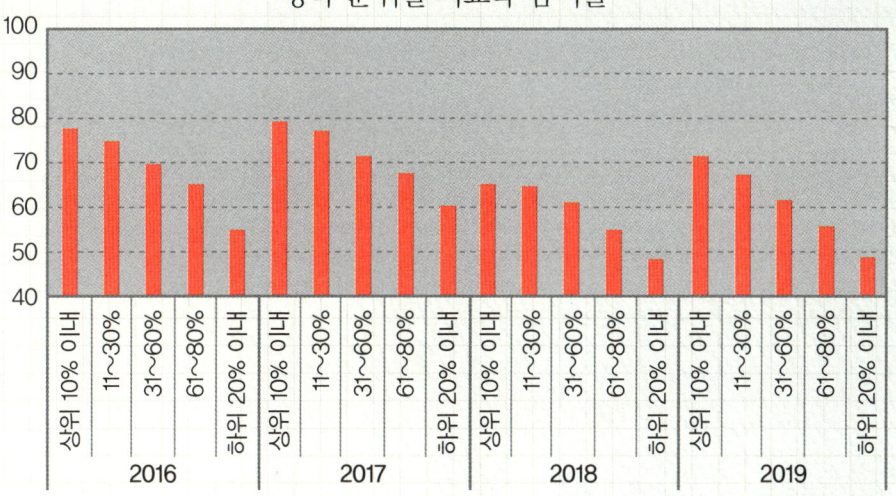

통계청(2020), 초중고 사교육비 조사 자료

〈표 2〉

가구 월 평균 소득별 사교육 참여율

월 평균 소득		200만 원 미만	200~300만 원	300~400만 원	400~500만 원	500~600만 원	600~700만 원	700~800만 원	800만 원 이상
사교육 참여율 (%)	2017	44.0	58.8	68.5	75.5	79.0	81.5	83.8	84.5
	2018	47.3	59.4	70.7	75.6	79.1	81.1	83.7	84.0
	2019	47.0	60.4	70.7	78.0	79.8	83.6	87.0	85.0

통계청(2020), 초중고 사교육비 조사 자료

"

"

《양극화 논쟁》 82쪽을 참고하세요.
제시된 주장은 가난한 사람이건, 부자이건 똑같이 교육을 받을 기회가 있으므로, 더 많이 노력하고 더 뛰어난 능력을 가진 사람이 우수한 성적을 낸다는 거예요. 〈표〉에 나타나는 사교육과 관련된 주된 경향을 정리해 보고 제시된 주장과 비교해 보세요.

4. 다음은 무상 의료에 대한 지원과 예리의 토론입니다. 두 사람의 대화를 읽고 무상 의료에 대한 각각의 입장을 정리해 봅시다. 그리고 무상 의료에 대한 다른 쟁점을 찾아 정리해 봅시다.

지원 : 병원비가 없어서 치료를 받지 못하는 사람도 있고, 병을 오래 앓아 쌓여 가는 치료비를 감당하지 못해 치료를 포기하는 사람도 있습니다. 돈이 없어서 병원 치료를 못 받게 해서는 안 됩니다. 그래서 무상 의료를 해야 합니다.

예리 : 저소득층에게는 이미 치료비를 주는 제도가 있어요. 정말 돈이 없어서 병원에 못 가는 사람들에 한해서 지원하면 되지 모든 사람에게 무상 의료를 할 필요는 없어요.

지원 : 지원받는 사람이 너무 적어요. 지원받지 못하는 사람들도 의료비 때문에 부담이 큰 건 마찬가지이기 때문에 그걸로는 양극화를 해결할 수 없어요.

예리 : 무상 의료를 하면 병원에 안 가도 되는데 병원 이용을 너무 많이 하게 됩니다. 가벼운 자동차 사고가 나도 보상을 받으려고, 가짜 환자가 아프지도 않은데 입원하고 그런다는데……. 가짜

환자는 자기가 병원비를 안 내니까 그러는 겁니다. 그러니 무상 의료를 하면 조금만 아파도 병원에 가려는 사람이 많아집니다.

지원 : 무상 의료를 한다고 아프지도 않은데 병원에 가지는 않습니다. 가짜 환자는 조사해서 처벌하면 됩니다. 무상 의료로 병원에 다니는 사람이 늘어도 그건 가짜 환자 때문이 아니라 그전에 아파도 돈이 없어 치료를 못 받던 사람이 병원에 갈 수 있게 된 겁니다.

예리 : 어쨌든 공짜로 치료를 해 주면 나라에서 그 비용을 감당할 수가 없습니다. 지금도 나라에서 지원을 해 주는데 무상 의료를 하면 나라에서 더 많은 돈을 써야 합니다. 결국 국민들의 세금 부담이 커집니다.

지원 : 무상 의료는 공짜가 아닙니다. 자기가 내는 돈이 부담되지 않을 정도로 아주 적을 뿐이죠. 그리고 무상 의료에 쓰이는 돈은 국민들이 낸 세금으로 하는 겁니다. 국민들 부담도 많이 커지는 게 아닙니다. 세금으로 미리 내고 아플 때 병원비를 따로 안 내는 거니까요. 국민의 건강을 지키는 것도 나라에서 해야 하는 일입니다.

예리 : 그런 건 개인이 보험을 들어서 해결하는 거죠. 그렇게 세금을 쓰면 정작 나라에서 꼭 필요한 곳에 쓸 돈이 모자라게 됩니다. 경제 발전을 위해 투자도 해야 되는데…….

지원의 입장 :

예리의 입장 :

무상 의료에 대한 다른 쟁점 :

《양극화 논쟁》 151~157쪽을 참고하세요.
두 사람은 무상 의료에 따른 병원 이용 과잉과 국가의 부담 등을 중심으로 토론하고 있어요. 무상 의료에 관련된 다른 쟁점도 찾아보세요.

5. 다음은 주거 양극화에 대한 토론의 일부입니다. 집이 부족해서 양극화가 일어났다는 경제 성장 팀의 주장을 사회 복지 팀이 반박하고 있습니다. 사회 복지 팀 주장을 뒷받침할 수 있는 통계 자료를 인터넷에서 찾아 다음 빈칸에 붙여 봅시다.

> **경제 성장 팀** : 가난한 사람들이 집 때문에 힘든 건 인구는 늘어나는데 집이 부족하기 때문입니다. 더 많은 집을 지으면 양극화는 자연스럽게 해결될 수 있습니다. 자기 집을 사기 어려운 사람들은 다른 사람의 집을 빌려 살고 있습니다. 비싼 전세나 월세 때문에 힘들어 하는데, 이것도 집을 많이 지으면 해결할 수 있습니다. 낡고 오래된 집을 재개발해서 깨끗한 새 집을 많이 지으면 됩니다.
>
> **사회 복지 팀** : 경제 성장 팀은 주거 양극화는 집을 더 많이 지으면 해결될 거라고 합니다. 하지만 우리나라 주택 보급률은 100퍼센트가 넘은 지 오래됐어요. 그러면 집 없는 사람이 없어야죠. 하지만 40퍼센트는 자기 집이 없습니다.

❶

❷

《양극화 논쟁》 186쪽을 참고하세요.
'e-나라 지표(www.index.go.kr)' 사이트에서 '부문별 지표 → 경제 → 부동산 → 주택' 순서로 검색해 보세요.

생명 윤리 논쟁

장성익 글 | 박종호 그림

1. 이 책에 나오는 새로운 용어나 이해하기 어려웠던 낱말의 뜻을 찾아 정리해 봅시다.

2. 다음은 GMO를 찬성하는 주장의 글입니다. 글을 읽고 이 주장을 비판하는 글을 작성해 봅시다.

> GMO는 오늘날 세계적인 식량 부족 사태를 해결할 수 있습니다. 식량 생산량을 크게 늘리고 다양한 기능을 갖춘 작물을 생산할 수 있으니까요. 포마토 같은 작물을 보세요. 두 가지 작물을 한꺼번에 재배할 수 있으니 얼마나 효율적이에요? 마찬가지로 황금쌀도 비타민 A가 부족해서 시력 장애를 겪는 전 세계의 수많은 아이들에게 큰 혜택을 줄 수 있고요. 식량 생산량은 물론 영양분과 품질도 모두 높여서 사람의 건강과 먹거리 생활에 큰 도움이 되는 게 바로 GMO입니다.

"
_____
_____
_____
_____
_____
"

《생명 윤리 논쟁》 31~43쪽을 참고하세요.
GMO가 식량 부족을 해결하고, 다양한 기능성 작물로 건강에 도움이 된다고 주장했어요. 정말 그럴지 GMO에 대해 조사해 보세요.

3. 다음은 유전 정보 이용에 대한 토론입니다. 토론 내용을 읽고 논의 흐름과 각 팀의 입장에 맞게 빈칸에 들어갈 말을 정리해 봅시다. 반드시 제시된 첫 문장과 어울릴 수 있도록 작성하세요.

생명 복제 반대 팀 : 유전자 검사로 알아낸 유전 정보가 다른 쪽으로 악용될 수 있다는 것도 문제입니다. 제가 조사하기로는 보험 가입이나 취업 등을 할 때 그런 일이 일어날 가능성이 높다고 해요. 예를 들어 어떤 사람이 위암에 걸릴 확률이 높은 유전자를 지녔다고 가정해 봐요. 그런데 그런 유전 정보가 공개된다면 보험료를 더 많이 내야 하거나, 아니면 보험 회사에서 이 사람의 보험 가입을 꺼릴 수 있습니다. 나중에 실제로 위암에 걸리면 보험 회사에서 치료비를 부담해야 하니까요.

생명 복제 찬성 팀 : 그건 당연한 일 아닌가요? 이를테면 제가 알기로 자동차 사고를 낸 사람은 보험료를 더 많이 냅니다. 그런 것처럼 어떤 보험 회사든 암이 걸릴 게 뻔한 사람한테서 보험료를 더 많이 받거나 그런 사람의 보험 가입을 싫어하는 건 이해할 수 있는 일 아닌가요? 그게 무슨 큰 잘못입니까?

선생님 : 자동차 보험과 질병 관련 보험은 성격이 같은 걸까?

생명 복제 반대 팀 : 두 가지는 다릅니다. 자동차 보험의 경우는 사고를 이미 냈을 때, 다시 말하면 '벌어진 일'을 기준으로 삼는 거잖아요? 하지만 병에 걸리는 건 미래의 일이죠. 더구나 위암 유전자를 가졌다고 해서 반드시 위암에 걸리는 것도 아니고요. 미래에 어찌 될지 모르는 일로 차별이나 불이익을 받는 건 옳지 않다고 생각합니다.

선생님 : 유전 정보를 이용할 때 생기는 문제나 이점을 좀 더 비교해 보자.

생명 복제 반대 팀 : 유전자 검사는 부당한 사회적 차별을 낳을 가능성이 아주 높습니다.

생명 복제 찬성 팀 : 유전 정보는 범죄를 수사할 때 결정적인 단서가 될 수 있습니다. 이를테면 살인 현장에서 범인의 것으로 보이는 담배꽁초가 발견됐다면 거기에 묻어 있는 침에서 유전 정보를 알아내 범인이 누군지를 알 수 있습니다. 그래서 범인을 잡는 데 큰 도움이 될 수 있죠.

생명 복제 반대 팀 : 그렇지만 유전 정보를 한데 모아 놓으면 개인의 인권과 사생활이 침해될 가능성이 아주 높습니다.

_____

_____

_____

생명 복제 찬성 팀 : 기업 활동 등 경제에 도움이 되는 측면도 생각해야 합니다.

_____

_____

_____

_____

《생명 윤리 논쟁》 70~76쪽을 참고하세요.
각 빈칸의 첫 문장은 발언의 핵심 요지예요. 그에 맞는 사례 등 근거를 제시해 봐요. 책의 내용을 그대로 옮기지 말고 자신의 글로 정리해 보세요.

4. 줄기세포 치료에 대해 여러 우려와 비판이 있지만, 그럼에도 이를 개발해야 한다는 주장은 사라지지 않고 있습니다. 줄기세포 치료 연구를 계속해야 한다는 주장의 이유와 배경이 무엇인지 정리하고, 이에 대한 자신의 생각을 다음 두 사람의 말을 참고해 써 봅시다.

> 현준 : 줄기세포 치료법을 만병통치약처럼 여기는 것은 매우 위험하고 무책임한 환상입니다. 줄기세포 치료는 해결해야 할 과제가 너무나 많아요. 배아 줄기세포를 만들었다고 해도 그것을 신경이든 근육이든 장기든 원하는 세포로 분화시키는 기술은 아직 개발되지 않았어요.
>
> 진아 : 새로운 치료법을 개발한다는 명분으로 배아에서 줄기세포를 뽑아내는 것은 생명을 망가뜨리는 행위입니다. 우리 모두 한때는 엄마 배 속에서 배아 상태로 있었어요. 배아는 곧 생명이고, 인간입니다. 줄기세포를 얻으려고 배아를 파괴하는 것은 사람을 죽이는 것과 똑같습니다.

줄기세포 치료 연구의 이유 및 배경 :

이에 대한 자신의 생각 :

 《생명 윤리 논쟁》 86~99쪽을 참고하세요.
줄기세포 치료를 통해 얻을 수 있는 이익이 무엇인지 생각하고, 이를 앞의 두 사람의 주장과 연결해 보세요.

5. 다음은 안락사를 허용해야 한다는 주장입니다. 안락사를 찬성하는 주장에는 어떤 근거가 있는지 찾아보고, 이를 반박하는 글을 작성해 봅시다.

> 어떤 사람이 큰 병에 걸리거나 대형 사고를 당해 회복할 가망이 없는 위급한 상태에 빠졌다고 생각해 봅시다. 병이 치료되거나 상태가 나아지는 게 아니라 생명만 유지되는 것이고, 그만큼 고통의 시간만 늘어날 뿐이죠.
>
> 이런 경우 계속 고통으로 몸부림치면서 생명을 연장하기보다는 죽음을 선택하는 게 더 낫다는 판단에서 안락사, '존엄한 죽음'이 등장한 것입니다. 이처럼 안락사는 돌이킬 수 없는 죽음을 앞둔 사람의 고통을 효과적으로 해결해 줄 수 있는 방법입니다.
>
> 또한 안락사는 본인이나 가족이 생명 연장에 드는 비싼 의료비를 감당할 수 없어서 받는 고통을 덜어 줄 수도 있습니다.
>
> 죽음을 선택할 권리는 당연히 자기 자신한테 있고, 안락사를 선택할 권리 또한 환자 본인에게 있다고 생각합니다. 당사자야말로 어떻게 하는 게 자기한테 좋은지를 가장 잘 판단할 수 있으니까요. 물론 가족이나 의사의 의견도 중요합니다. 하지만 원하지 않는 치료나 불필요한 생명 연장 조치를 거부할 권리, 언제 어떻게 죽을지를 결정할 권리는 어디까지나 자기 자신에게 있습니다.

안락사 찬성 근거 ❶

반박 :

안락사 찬성 근거 ❷

반박 :

안락사 찬성 근거 ❸

반박 :

 《생명 윤리 논쟁》 143~149쪽을 참고하세요.

6. 다음은 동물의 장기를 사람에게 이식하는 문제에 대한 찬성 팀과 반대 팀의 토론입니다. 토론 내용을 읽고 두 팀의 토론에서 다뤄지지 않고 있는 문제가 무엇인지 정리해 봅시다. 그리고 이에 대한 자신의 생각을 써 봅시다.

> 유림 : 장기 부족을 해결하는 가장 좋은 해결책이 바로 동물 장기 개발입니다. 사람에게 장기를 제공할 수 있는 동물을 대량으로 키울 수만 있다면 이런 문제를 한 방에 해결할 수 있죠.
>
> 민철 : 돼지의 심장을 사람 몸속에 집어넣는다는 건데, 너무 징그럽지

않아요? 사람도 아니고 돼지의 장기를…….

유림 : 그렇게 느낄 수도 있죠. 하지만 장기가 제 기능을 못 해서 엄청난 고통에 시달리거나 죽어 가는 사람 입장에서는 동물 장기라도 개발만 된다면 환영하지 않겠어요?

정수 : 돼지 장기를 이식하면 거부 반응을 일으킬 가능성이 매우 높습니다. 매우 위험하다는 거죠.

진아 : 그 문제는 사람 몸에 적합하고 거부 반응을 일으키지 않도록 돼지를 유전자 조작하면 해결할 수 있습니다.

혜은 : 동물 전염병이 장기 이식 환자를 통해 사람에게 널리 퍼질 수 있고, 아직 알려지지 않은 새로운 전염병이 발생할 수도 있습니다.

현준 : 그런 걱정은 지나친 겁니다. 사람과 돼지가 함께 살아온 세월이 수천 년은 넘습니다. 돼지가 일으키는 병은 대부분 알려졌습니다. 그리고 장기 이식용 돼지는 균 같은 게 없는 특수 사육 시설에서 철저하게 관리하면서 안전하게 키우면 됩니다.

두 팀의 토론에서 다뤄지지 않고 있는 문제 :

이에 대한 자신의 생각 :

 《생명 윤리 논쟁》 123~128쪽을 참고하세요.
두 팀의 토론이 동물 장기 이식에 대해 인간의 이익과 위험을 중심으로
이뤄지고 있음을 생각하세요.

법률 논쟁
강하림 글 | 박종호 그림

1. 이 책에 나오는 새로운 용어나 이해하기 어려웠던 낱말의 뜻을 찾아 정리해 봅시다.

2. 다음은 셧다운제에 대한 나정이와 찬솔이의 반박 의견입니다. 잘 읽고 이 발언에 어떤 문제점이 있는지 찾아보세요.

나정 : 요즘 뉴스를 보면 게임 중독에 빠져서 어린 아들을 살해한 아버지나, 게임에서 상대 게이머와 시비가 붙어 오프라인상에서 주먹다짐을 한 폭력 사건, 게임 아이템을 사고파는 거래에서 발생하는 사기 등 게임과 관련된 범죄를 쉽게 접할 수 있습니다. 이처럼 온라인 게임은 멀쩡한 사람도 범죄자로 만들 수 있을 만큼 무시무시해요.

찬솔 : 나정이 말이 맞아요. 게임 중독에 빠지면 가상과 현실을 구분할 수 없어서 정상적인 생활을 할 수가 없어요. 또 게임 세계에선 진짜 내가 누군지 모르니까 이런 걸 이용해서 상대 게이머에게 욕을 하거나 금전적으로 사기를 치는 등 나쁜 짓을 할 수도 있고요. 그런데 이걸 단지 개인의 잘못이라고 할 수 있을까요? 저는 사회의 책임도 크다고 봐요. 국가가 나서서 게임 중독을 적극적으로 막아야 하는데, 그렇지 못해서 생겨난 문제니까요. 때문에 셧다운제는 청소년 보호를 위해 어쩔 수 없이 생겨난 제도라고 생각합니다.

_____
_____
_____
_____
_____

《법률 논쟁》 51쪽을 참고하세요.
'셧다운제'란 청소년의 게임 중독을 막기 위해 밤 12시부터 오전 6시까지, 만 16세 미만 청소년들의 온라인 게임 접속을 차단하는 제도예요. 셧다운제의 내용을 잘 생각하며 나정이와 찬솔이의 의견을 읽어 보세요.

3. 다음은 공공장소 흡연 규제에 관한 나정이와 이현이의 발언입니다. 잘 읽고 주장과 근거를 나누어 보세요.

> 나정 : 흡연이 무엇보다 큰 피해를 주는 것은 시민의 건강입니다. 담배를 피우는 사람 자신의 건강이 상하는 건 물론이고, 간접흡연으로 인한 피해도 정말 심각해요. 여성이 폐암이 걸리는 이유 중 큰 비중을 차지하는 게 남편의 흡연으로 인한 간접흡연 때문이라는 연구 결과도 있고요. 직접 흡연 못지않게 간접흡연이

나쁘다는 건 잘 알려진 사실이에요. 흡연자들이 타인의 건강을 침해할 권리는 없어요. 게다가 흡연자들이 가끔씩 무심히 버리곤 하는 담배꽁초는 사람을 다치게 하거나 불이 날 수도 있어서 위험하기도 하고요.

이현 : 그건 흡연실을 따로 두면 해결할 수 있는 문제예요. 저는 금연 구역을 지정하려면 흡연실도 함께 만들어야 공평하다고 생각해요. 흡연실에서는 타인에게 피해를 주지 않고 담배를 피울 수 있는데, 이런 조치를 취하지도 않은 채 무조건 담배를 피우지 말라고 하는 건 지나치다고 봐요. 담배가 삶의 유일한 낙인 사람도 있잖아요? 그런 사람들로부터 담배를 빼앗아가는 건 가혹한 일이에요. 어떤 사람에게는 담배를 끊는 게 죽기보다 어려운 일일 수도 있거든요.

나정의 주장

_____

근거 : _____

_____

_____

이현의 주장

_____

근거 :
_____
_____
_____

 《법률 논쟁》 77쪽을 참고하세요.
토론을 할 때는 상대방의 주장과 그 주장을 뒷받침해 주는 근거를 잘 이해하고 내 의견을 말해야 해요. 나정이와 이현이는 각각 어떤 근거를 가지고 자신의 주장을 펼치는지 잘 생각해 보세요.

4. 다음 영선이의 주장을 잘 읽고, 제시하는 신문 기사에 근거하여 반대 의견을 작성해 보세요.

> 영선 : 저는 촛불 집회를 제한하는 것에 반대해요. 평화롭게 촛불을 들고 시위할 뿐인데, 경찰까지 동원할 필요가 있을까요? 다른 사람들에게 큰 피해를 주는 일도 아닌데요. 국민 한 명 한 명이 큰 힘을 발휘하긴 어려워도, 같은 생각을 하는 국민들이 한

자리에 모여서 목소리를 낸다면 굉장히 큰 힘을 발휘할 수 있어요. 이처럼 촛불 집회는 국민의 소리를 모으는 방법이고, 여론을 확인하는 자리예요. 민주주의 국가에서 여론은 국가를 움직이는 원동력인데, 이를 제한하는 건 국민의 힘을 무시하는 것과 같아요.

○○일보

오는 14일 서울 도심에서 대규모 집회가 예고돼 일대 주민, 상인들의 한숨이 깊어지고 있다. 이날 집회에는 10만여 명이 참가해 2008년 '미국산 쇠고기 수입 반대 집회' 이후 최대 규모가 될 것으로 예상된다.

집회를 이틀 앞둔 12일 만난 광화문, 종로, 대학로 일대 상인들은 전전긍긍하고 있다. 종로 한 뷔페 전문점의 박 모 실장은 "손님들이 미리 예약하고 자가용을 이용해 오는 경우가 많은데 시위 때문에 교통이 통제되면 예약 취소가 줄을 잇는다."며 "시위하는 분들이나 정부가 다른 방법으로 해결책을 찾으면 안 되겠느냐"고 한숨을 쉬었다. 서울 광장 인근 분식집 사장 한 모씨 역시 "시위 한번 하면 하루 매출이 절반씩 떨어진다. 소음 때문에 있던 손님도 나가 버리고, 시위대가 남기고 간 쓰레기를 치우는 것도 다 우리 몫이다."라며 분통을 터뜨렸다.

_____
_____
_____
_____
_____

 《법률 논쟁》 90쪽을 참고하세요.
자신의 주장을 펼칠 때 다양한 자료를 참고하거나 이용하면 신뢰성도 얻을 수 있고, 내용도 더욱 풍부해질 수 있어요.

5. 종교 교육에 대한 토론입니다. 다음 의견을 잘 읽고, 자신의 입장을 정하여 의견을 펼쳐 보세요.

> **이현** : 현재 종교 학교에서 하는 종교 교육은 단순한 교육을 넘어서 신앙을 강요하는 수준이에요. 기독교 학교에서는 다 같이 모여서 예배를 드리는데, 예배라는 건 원래 신자들끼리 모여서 신을 섬기는 자리 아닌가요? 기독교를 믿지도 않는 사람에게 예배를

보라고 시키는 건 종교의 자유를 억압하는 행위라고 생각해요.

우제 : 맞아요. 성경 시간에는 하나님에게 순종해야 한다고 주입식 교육을 하고, 시험을 볼 때는 신자가 아니어도 교리를 달달 외워서 자신의 생각과는 다른 답을 적어 내야 한다고 해요. 그래서 종교 학교를 다니거나 졸업한 학생들이 오히려 종교에 대해 부정적인 생각을 가지는 경우가 많다고 하더라고요. 저는 종교 교육만큼은 최대한 중립적인 입장을 취해야 한다고 생각해요.

경서 : 우제가 종교 교육의 중립성에 대해 말했는데, 종교 교육은 어느 한쪽으로 치우치지 않고 중간 입장을 취해야 한다는 말이지요? 하지만 저는 종교 교육의 중립성만큼이나 자율성 또한 중요하다고 생각합니다. 제가 자료를 찾아보니까 헌법에 종교의 자유에 대한 부분이 있더라고요. 종교의 자유에는 종교 교육의 자유도 포함되며, 사립 학교는 스스로 세운 방침에 따라 종교 교육을 시킬 수 있다고 나와 있어요. 공립 학교와는 달리, 학생들을 어떻게 교육시킬지 결정할 자유가 있다는 거죠. 저도 기독교 신자는 아니지만 기독교 학교에서 교리를 가르치는 것은 교육의 자유에 따른 것이라고 생각해요.

나의 입장

근거 :

《법률 논쟁》 130~131쪽을 참고하세요.
다른 친구들의 토론을 지켜볼 때, 명확한 나의 의견을 가지고 있으면 토론에 집중하기도 쉽고, 더욱 신나게 토론을 즐길 수 있어요. 친구들의 의견을 읽어 보고 나는 어떤 친구의 의견에 동의하는지 잘 생각해 보세요.

6. 다음은 공소 시효에 대한 토론 내용입니다. 서로 대립하는 주장을 찾고 그 근거가 무엇인지 써 보세요.

> 경서 : 공소 시효는 어떤 범죄에 대해 일정 시간이 흐른 뒤에는 더 이상 국가가 범죄자의 죄를 물을 수 없도록 하는 제도입니다. 범

죄를 저지른 범인이라 하더라도 공소 시효 기간 동안 숨어 지내면, 나중에 잡히더라도 처벌할 수 없는 것이지요. 살인죄에 대한 공소 시효는 2007년 12월 21일 전에 행한 범죄에 대해서는 15년, 그 이후에 저지른 범죄에 대해서는 25년이라고 합니다. 저는 공소 시효 제도의 필요성은 일부 인정하지만 살인죄 같은 강력 범죄에 대해서까지 제도를 적용시키는 건 문제가 있다고 생각합니다.

이현 : 저도 공소 시효 제도로 인해 영구 미제로 남은 사건들에 대해서 무척 안타깝게 생각합니다. 하지만 공소 시효 제도가 없어서 아주 오래전에 저지른 범죄의 범인을 잡았다고 해도, 사건과 관련된 사람들의 기억은 흐려지고 증거물의 상태도 나빠졌을 거예요. 이런 상황에서 공정한 재판을 할 수 있을까요? 한편으로는 지금 당장 벌어지는 사건들도 많은데 경찰들이 미제 사건 해결에까지 매달릴 여유가 있을지도 의문이에요. 그렇기 때문에 공소 시효는 필요한 제도라고 생각합니다.

경서 : 예전에는 범인의 지문을 감식하는 데만 몇 달이 걸렸는데, 이제는 감식 기술이 발전에서 시간이 많이 걸리지 않는다고 해요.

DNA 분석 기술도 많이 발전했고요. 뒤늦게 증거가 확보됐는데 공소 시효 기간이 지났다는 이유만으로 범죄자를 처벌할 수 없다면 피해자와 가족들에게 얼마나 큰 상처가 될까요? 공소 시효 제도가 존재하는 한 범죄자들은 수사 기관을 비웃으며 제도를 악용하게 될 거예요.

대립하는 주장

근거 :

《법률 논쟁》 187~189쪽을 참고하세요.
한 가지 주제를 두고 서로 반대 의견을 주장할 때는 명확한 근거가 있어야 합니다. 두 친구가 어떤 근거를 가지고 반대 주장을 펼치는지 잘 살펴보세요.

인권 논쟁

이기규 글 | 박종호 그림

1. 이 책에 나오는 새로운 용어나 이해하기 어려웠던 낱말의 뜻을 찾아 정리해 봅시다.

2. 다음은 '법과 인권'에 관한 의견입니다. 이 발언을 잘 읽고, 각각의 내용에 대한 반대 의견을 써 보세요.

* 고대 그리스의 철학자 소크라테스는 '악법도 법이다.'라는 말을 남겼습니다. 만약 법을 함부로 여긴다면 우리 사회의 질서는 파괴되고 말 것입니다.

↔
_____

* 사회 질서를 위해서라면 악법이라 하더라도 반드시 지켜야 하는 거예요.

↔
_____

* 그러므로 인권을 우선시하기보다는 법을 지키는 것이 더 중요하다고 생각합니다.

↔
_____

《인권 논쟁》 23~24쪽을 참고하세요.
토론을 할 때는 무엇보다 상대방의 의견을 놓치지 않고 잘 들어야 합니다. 그리고 각각의 의견에 대한 나의 생각을 미리 준비한다면 토론은 더욱 원활히 진행될 수 있답니다.

3. '의무와 인권'에 대한 토론을 하려고 합니다. 다음 기사를 읽고 토론에서 어떤 이야기가 오갈 수 있을지 다양한 의견을 써 보세요.

> **○○일보**
>
> 24일 오전 0시 28분께 경북 포항시 남구 오천읍 용덕리 2층 주택에서 화재가 발생해 신 모 씨(43)가 연기에 질식해 사망했다. 불이 나자 포항 남부 소방서는 119 구조대와 펌프차 10여 대를 출동시켜 화재 발생 30여 분만에 완전 진화했다. 이날 불로 "전기가 들어오지 않는 1층에 세 들어 살던 신 모 씨가 촛불을 켜놓고 잠을 자다 촛불이 다른 곳으로 옮겨붙어 불이 난 것"으로 소방 관계자는 추정했다. 신 모 씨는 수개월 전부터 전기세를 납부하지 않아 전기가 끊어진 상태로 혼자 지내 오다 이날 변을 당했다.

예) 전기를 사용하고 세금을 내는 것은 국민으로서 당연한 의무이다.

《인권 논쟁》 35~36쪽을 참고하세요.
뉴스 기사로 접할 수 있는 우리 사회의 모습은 토론 자료로 활용되는 경우가 많습니다. 다양한 각도에서 뉴스 기사를 읽어 보고 의견을 펼쳐 보세요.

4. 다음은 '통제와 자율'에 대한 토론 내용입니다. 잘 읽고 토론의 흐름에 맞게 빈칸에 들어갈 내용을 적어 보세요.

동찬 : 저희 팀은 학교에서 공부하는 분위기를 만들기 위해서는 반드시 통제가 필요하다고 생각합니다. 만약 학생들에게 인권 보장을 근거로 모든 자유를 허용한다면, 학교에서 공부할 아이들은 아무도 없을 것입니다. 우선 수업 시간에 조용히 하는 것, 지각을 하지 않는 것, 공부에 집중하는 것, 숙제를 반드시 해 오는 것은 학생이라면 기본적으로 지켜야 할 약속이라고 생각합니다. 또한 머리 모양이나 옷차림 같은 것도 통제가 필요합니다. 학생답지 않은 요란한 옷차림은 공부에 방해만 되니까요.

승아 : 지각을 하지 않는 것과 숙제를 제대로 하는 것은 학생이라면 당연히 해야 하는 것이라고 생각합니다. 자유와 인권을 이야기

한다고 해서 마음대로 하겠다는 것은 아니에요.

_____
_____
_____

윤태 : 머리 모양이나 옷차림이 공부에 방해되지 않는다고 했지만 사실 머리 모양이나 옷차림을 신경 쓰다 보면 공부에 소홀해지는 것이 사실입니다.

지현 : 학교생활에 필요한 규칙을 정하고 지키려고 노력해야 한다는 것에는 동의해요. 하지만 억지로 지키게 하는 건 좀 아닌 것 같아요.

_____
_____
_____

 《인권 논쟁》 63~64쪽을 참고하세요.
승아와 지현이의 주장을 뒷받침하는 근거나 참고 자료를 찾아 더욱 풍부한 내용으로 빈칸을 채워 보세요.

5. 다음은 사형 제도에 대한 형식이와 윤태의 의견입니다. 두 친구의 의견을 요약하고, 사형 제도에 대한 자신의 의견을 적어 보세요.

형식: 현재 우리나라 법에는 사형이 확정된 사람은 무기형으로 형이 낮아지기 전에는 감옥에서 10년을 보내도 가석방을 신청할 수 없습니다. 왜 그럴까요? 사형이 확정된 사람의 죄를 쉽게 용서할 수 없기 때문입니다. 최근 우리나라에서 사형이 확정된 경우는 단순한 실수나 순간의 잘못된 판단으로 범죄를 저지른 게 아니라 사람으로서 절대 해선 안 될 잔인한 범죄를 서슴없이 저지른 극악무도한 범죄자들이었죠. 그런 범죄자들은 설령 자신의 잘못을 뉘우치고 새로운 삶을 살고 싶다는 의지가 있다 하더라도 용서해서는 안 됩니다. 자신의 죗값을 제대로 치르는 것이야말로 그들이 사회적 책임을 다하는 것이기 때문에 사형 제도는 유지되어야 한다고 생각합니다.

윤태: 사실 우리나라에서 사형이 확정된 사형수들은 형식이의 말처럼 인간이라면 해선 안 되는 죄를 저지른 사람들이 많습니다. 하지만 이들은 대부분 불행한 가정에서 자라며 마음에 악을 품게 된 사람들입니다. 이들의 잘못은 분명 큽니다. 하지만 꼭 그들만의 잘못이라고 할 수는 없습니다. 죄를 지은 사람도 자신의 잘못을

뉘우칠 기회를 주어야 한다고 생각합니다. 우리나라에는 없지만 다른 나라에는 종신형이라는 제도가 있어서, 죽을 때까지 감옥에서 자신의 죄를 뉘우칠 수 있도록 한다고 합니다. 극악무도한 범죄자들에게는 사형보다 오히려 종신형이 낫지 않을까요? 사람의 생명을 앗아 가서 잘못을 뉘우칠 기회를 빼앗는 것보다는 사형 제도를 폐지하고 종신형과 다른 효과적인 처벌을 통해 죗값을 치르도록 하는 게 더 올바른 방법이라고 생각합니다.

형식의 의견 요약

_____
_____

윤태의 의견 요약

_____
_____

사형 제도에 대한 나의 의견

《인권 논쟁》 105~107쪽을 참고하세요.
토론 중에 발언이 길어지면 그 친구의 의견을 정확하게 파악하지 못할 수도 있습니다. 긴 발언이라도 정확한 주장과 근거가 무엇인지 빠르게 요약할 수 있어야 나의 의견을 정확하게 전달할 수 있답니다.

6. 이주민 인권에 대한 토론을 하려고 합니다. 자신의 생각과 근거를 간략하게 정리하여 쟁점 노트를 만들어 보고, 이를 기초로 완성된 발표문을 적어 보세요.

주요 쟁점	나의 주장	근거
우리나라는 단일 민족인가?		
이주민 인권, 얼마나 보장되어 있나?		
이주민 정치 참여		

《인권 논쟁》 184~202쪽을 참고하세요.
토론에 앞서 나의 의견을 일목요연하게 정리한다는 생각으로 발표문을 작성해 보세요.

자본주의 논쟁

강하림 글 | 박종호 그림

1. 이 책에 나오는 새로운 용어나 이해하기 어려웠던 낱말의 뜻을 찾아 정리해 봅시다.

5. 다음 토론 내용을 잘 읽고, 빈칸에 들어갈 사회자의 말을 써 보세요.

우진 : 자본가들은 회사를 잘 이끌어 나가야 합니다. 만일 회사가 위태롭거나 문을 닫게 된다면 노동자들은 더는 일할 수가 없을 것입니다. 자본가들은 그런 일이 벌어지지 않도록 많은 노력을 합니다. 더 좋은 회사를 만들어야 한다는 책임감도 가지고 있습니다. 간혹 자본가와 노동자들은 서로가 원하는 것이 달라 갈등이 생기기도 합니다. 그렇지만 회사가 없으면 노동자도 없습니다. 노동자들은 회사의 입장을 먼저 이해하고 서로 도우려는 마음을 가져야 한다고 생각합니다.

서현 : 많은 사람들이 학교를 졸업하고 나면 자신이 하고 싶은 일을 찾아 직장을 구하고 노동자가 되지요. 노동자가 되면 열심히 일을 하고 회사에서 돈을 받습니다. 그런데 노동자가 일을 많이 하든, 적게 하든 늘 정해진 돈을 받아요. 그러니 자본가들은 노동자들에게 더 일을 많이 시키려고 합니다.

우진 : 잠깐만요!

사회자 : _____

서현 : 많은 노동자들은 열심히 일을 하면서 꿈을 이루고 싶어 해요. 그렇지만 자본가들은 노동자를 꿈을 이루려는 사람이 아니라 일만 하는 사람으로 생각하는 경우가 많아요. 바로 이런 점 때문에 자본가와 노동자들 사이에서 충돌이 벌어지는 것이라고 생각합니다.

사회자 : _____

우진 : 노동자 팀의 발표를 들어보니 자본가들을 너무 나쁘게만 이야기하는 것 같아요.

《자본주의 논쟁》 55~56쪽을 참고하세요.
토론에 있어 발표자만큼이나 중요한 역할을 하는 사람이 사회자입니다. 토론을 원활하게 이끌어 가고, 내용을 정리해 주는 사회자의 역할을 잘 생각하여 빈칸을 채워 보세요.

3. 다음은 중소기업 노동자들의 노동 환경에 관한 토론입니다. 다음 중 우진이가 한 말에 어떤 문제점이 있는지 짚어 보고, 바람직한 발언으로 바꾸어 써 보세요.

서현 : 중소기업이 돈을 많이 벌어야 투자도 할 수 있고, 일하는 환경도 좋게 만들 수 있다고 했잖아요? 그러면 중소기업 노동자들은 회사가 엄청 돈을 잘 벌 수 있을 때까지 그냥 기다려야만 하는 건가요?

우진 : 사실 누구나 대기업에 가고 싶어 할 것입니다. 그런데 대기업은 경쟁률이 높으니까 못 들어가는 사람들이 많고 그 사람들이 중소기업으로 가는 것입니다. 솔직히 좋은 환경에서 일하고 싶으면 노력해서 대기업으로 가면 됩니다. 그런데 그게 안 된다면 자기가 다니는 회사를 대기업처럼 크게 만들어야 합니다. 더 열심히 일해서 회사가 돈을 많이 벌게 되면 결국 큰 회사가 될 것이고, 그러면 환경도 더 좋아질 것입니다. 그러니까 제 말은…… 나중을 위해 지금 힘든 건 조금 참아야 한다는 것입니다.

우진이 발언의 문제점

우진이의 의견 고쳐 써 보기

 《자본주의 논쟁》 82~83쪽을 참고하세요.
토론에 있어 중요한 점 중 하나가 바로 '예의'입니다. 토론 내용 중에 근거 없는 발언을 하거나 누군가를 비하하는 것은 아주 무례한 태도이지요. 우진이의 발언을 예의 바르게 고쳐 보세요.

4. 다음은 재벌과 재래시장에 대한 토론 내용입니다. 잘 읽고 각각의 발언에서 주장과 근거를 찾아 나누어 써 보세요.

혜린 : 사람들이 재래시장에 많이 가지 않는 건 불편에서 그런 것 아닌가요? 솔직히 대형 마트는 환경도 깨끗하고, 일하는 사람들도 친절하고, 물건을 바꾸거나 돈으로 돌려받기도 쉬워요. 그렇지만 재래시장은 주차할 곳도 마땅치 않고, 물건을 바꾸거나 돈으로 돌려받기도 어렵습니다. 사람들은 점점 더 편한 곳을 찾는데 예전과 똑같은 방식으로 장사를 하면서 사람들이 찾지 않는다고 불평만 하면 안 되잖아요. 불편한 점을 개선하고 사람들이 많이 올 수 있도록 노력하면 재래시장도 대형 마트와의 경쟁에서 살아남을 수 있다고 생각합니다.

영지 : 그렇지 않습니다. 주차 공간을 넓히고, 대형 마트처럼 쇼핑 카트를 준비해 두고 상품권으로 물건을 살 수 있게 하는 등 재래시장은 정말 많은 노력을 하고 있습니다. 그렇지만 그런 노력만으로는 대형 마트를 이길 수 없습니다. 재벌은 엄청난 자본이 있기 때문에 마음만 먹으면 어느 곳에든 대형 마트를 세울 수 있고, 물건도 싸게 팔 수 있습니다. 재래시장이 살아나려면 재벌 기업이 욕심을 버려야 합니다.

혜린의 주장

_____

근거 : _____

_____

_____

영지의 주장

_____

근거 : _____

_____

_____

5. 다음은 '광고와 소비'에 대한 발언입니다. 내용을 잘 읽고, 자신의 경험을 예로 들어 '광고와 소비'에 대한 자신만의 의견을 써 보세요.

> 광고를 만들고 매체에 실리게 하려면 광고비가 듭니다. 그리고 이 광고비는 물건 가격에 포함돼요. 곧, 광고를 하는 물건은 하지 않은 물건

보다 비쌉니다. 예전에 할머니와 함께 약국에 간 적이 있었습니다. 할머니는 다리가 아프셔서 '효과 빠른 관절염 치료제'라고 광고하는 약을 사려고 하셨습니다. 그런데 약사 아저씨께서 다른 약을 권해 주셨습니다. 그 이유는 광고를 하는 약과 성분은 똑같은데 광고비가 들어 있지 않아서 가격이 훨씬 싸기 때문이었습니다. 저희 할머니는 둘 중 어떤 약을 선택하셨을까요?

　할머니는 결국 광고에 나오는 약을 선택하셨습니다. 제가 할머니께 왜 그 약을 사셨는지 여쭤 봤더니 약사 아저씨가 권해 준 약을 믿지 못하겠다고 하셨습니다. 광고에 나오면 믿을 만한 약이라고 생각하신 겁니다.

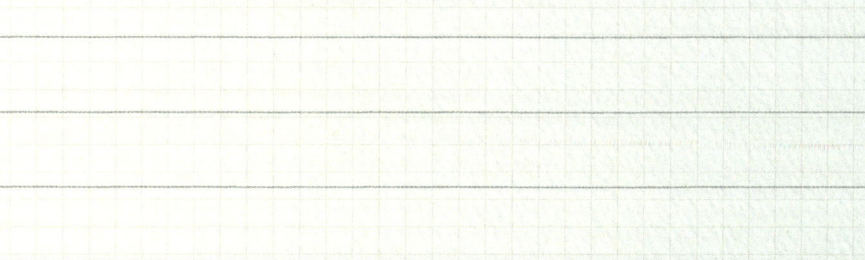

《자본주의 논쟁》 143쪽을 참고하세요.
토론을 할 때 자신의 경험을 바탕으로 의견을 펼치면 토론 과정도 재미있어지고, 상대방을 설득하는 데도 큰 도움이 됩니다. 다만 지나치게 개인적인 경험보다는 모두 공감할 만한 이야기를 소재로 삼는 것이 좋겠지요.

6. 다음은 협동조합과 공정 무역, 공유 경제에 대한 발언입니다. 이 발언을 읽고 협동조합과 공정 무역, 공유 경제가 자본주의의 대안으로 어떤 역할을 할 수 있을지 자신의 의견을 써 보세요.

> 영지 : 원래 기업에는 투자를 하는 사람, 경영을 하는 사람, 그리고 그 기업의 제품을 사는 소비자, 이렇게 세 가지의 구성원이 필요합니다. 그런데 협동조합은 이 세 가지 구성원이 모두 같습니다. 협동조합에 참여하는 조합원 모두가 투자를 하고, 모두 함께 경영을 하고, 또 모두 함께 소비를 하는 것입니다.
>
> 민준 : 원래 무역은 나라와 나라가 동등한 관계에서 해야 합니다. 그렇지만 가난한 나라와 선진국이 무역을 하게 되면, 선진국이 거래를 주도하면서 자기들이 원하는 싼 가격으로 물건을 사게 됩니다. 이런 일을 막기 위해 생겨난 국제 사회적 운동이 바로 공정 무역입니다. 대표적인 공정 무역의 품목은 커피와 초콜릿, 설

탕, 축구공 등이 있습니다.

혜린 : 자본주의 사회에서는 돈이든 집이든 차든, 내 것일 때 의미가 있다고 생각합니다. 그렇지만 공유 경제는 이미 가지고 있는 내 것을 다른 사람들과 함께 나누는 것입니다. '에어비앤비(Airbnb)'라는 회사는 인터넷이나 스마트폰을 이용해 집을 가지고 있는 사람과 집을 필요로 하는 사람을 연결해 주고 있습니다. 그리고 '집카(Zipcar)'라는 회사도 있습니다. 이 회사는 차를 나누어 쓰도록 해 주는 회사입니다.

《자본주의 논쟁》 182~194쪽을 참고하세요.
협동조합과 공정 무역, 공유 경제의 개념을 잘 읽어 보고, 기존의 기업, 무역, 소유와 어떤 차이가 있는지 떠올리면서 자신의 의견을 써 보세요.

과학 논쟁

함석진 글 | 박종호 그림

1. 이 책에 나오는 새로운 용어나 이해하기 어려웠던 낱말의 뜻을 찾아 정리해 봅시다.

2. 다음은 원자력 발전에 관한 토론 중에 나온 주장입니다. 이 중 하나를 골라 주장하는 글을 써 보세요.

* 원자력은 우리나라 전기 생산량의 삼분의 일을 차지하므로 원자력 발전소는 우리 생활에 꼭 필요하다.
* 원자력 발전은 방사능이 나오고, 사고 위험도 있으므로 사용하지 않는 것이 좋다.
* 풍력 발전, 태양광 발전 등이 원자력 발전을 대신할 수 있다.
* 원자력 발전으로 인한 방사능은 걱정할 만한 수준이 아니다.

《과학 논쟁》 39~50쪽을 참고하세요.
각 주장을 뒷받침하는 근거를 제시하여 주장하는 글을 완성해 보세요.

3. 다음은 과학 기술과 환경에 관한 토론의 일부입니다. 두 사람의 의견을 읽고, 과학 기술과 환경에 대한 각각의 입장을 정리해 보세요.

> **찬호** : 지금으로부터 약 120년 전만 해도 자동차 대신 말이나 마차를 타고 다녔습니다. 이때, 많은 도시들은 말똥으로 인한 파리와 구더기, 하수도 오염으로 큰 피해를 입었지요. 지금의 학자들이 자동차 매연을 어떻게 해결할지 고민하는 것처럼, 당시의 학자들은 말똥을 해결할 방법을 고민했습니다. 그리고 더 놀라운 것은 이러한 말똥 문제를 해결한 것이 바로 자동차입니다.
>
> **강호** : 자동차가 말똥 문제를 해결했어도 자동차가 내뿜는 매연은 분명 환경을 오염시키는 문제가 아닌가요?
>
> **찬호** : 맞습니다. 하지만 그 역시 매연 여과 장치나 전기 자동차의 발명으로 문제를 해결하려고 합니다.

강호 : 그렇다면 공장의 매연이나 폐수는 어떻게 생각하시죠?

찬호 : 물론 과학 기술의 발달로 전에 없던 유독성 물질들이 많이 생겨난 것은 사실입니다. 하지만 예전에 유럽은 더러운 물을 그냥 길바닥에 흐르도록 놔두거나 강으로 바로 버렸습니다. 그리고 여러 오염 물질에 대한 관리도 제대로 하지 못했습니다. 그래서 흑사병 같은 대규모의 전염병이 돌고 위생상의 문제가 끊이질 않았죠. 그러나 지금은 이 모든 것을 잘 관리하기 때문에 예전보다 훨씬 전염병이 줄어들고 살기 좋은 세상이 되었습니다.

강호 : 그것은 인간 중심적인 생각입니다. 아무리 자동차가 발명되기 전의 도시가 더 오염되었었다 하더라도 지구라는 행성 전체를 놓고 보면 지금이 훨씬 더 오염 문제가 심각합니다. 비단 오염 문제만 아니라 지구 온난화로 인한 기후 변화와 같은 심각한 문제들도 일어나고 있지요. 과학 기술의 발전으로 인류는 물론 지구 환경, 지구 생명체에 거대한 재앙이 닥친 것입니다.

찬호의 입장

강호의 입장

 《과학 논쟁》 66~71쪽을 참고하세요.
길게 이어진 두 친구의 발언을 간략하면서도 명확하게 정리해 보세요.

4. 다음은 우주 개발에 관한 토론 내용입니다. 각각의 의견을 한 줄로 요약해 보고, 자신의 의견도 간략하게 써 보세요.

> 우주 개발은 직접적으로 경제에 도움을 주기도 합니다. 미국의 달 착륙 계획인 '아폴로 계획'의 경우, 당시 미국 항공 우주국의 최대 고용자 수는 40만 명에 달했고 2만 개의 회사와 대학이 이 계획에 참여했다고 합니다. 그만큼의 고용 효과가 있었던 것이죠.
>
> 우리나라의 경우도 '통신해양기상위성' 하나를 쏘아 올릴 때의 경제성이 기상 관측과 해양 관측에서 각각 5,894억 원과 157억 원, 통신 위성에서 3조 8천 5백억 원에 달한다고 합니다. 3,558억 원의 연구 개발비를 들여 4조 4,551억 원, 즉 12배 이상의 가치를 창출할 수 있게 된 것이지요.
>
> → <u>우주 개발로 인해 고용이 늘고, 위성으로 정확한 정보를 빠르게 전달받아 각종 산업에 활용할 수 있으므로 경제에 큰 도움이 된다.</u>

1) 고용 효과가 있었다고 하지만 결국 그 사람들을 고용하는 데 들어간 돈은 국민의 세금입니다. 딱히 외국에서 외화를 벌어 오거나 한 것이 아니라는 말입니다. 그런데 어마어마한 인력과 세금을 투자해서 얻은 성과는 달에 한 번 갔다가 돌아온 것밖에 없지요. 만약 그 돈과 시간을 다른 곳에 썼더라면 어땠을까요? 물론 그 당시 미국이 소련을 이김으로써 얻은 자긍심은 상당한 것인지도 모릅니다만, 이제는 우주 개발을 한다고 해서 대단한 자부심을 가질 수 있는 시대도 아니고, 보다 시급한 다른 문제가 많이 있다고 생각합니다.

→
_____

_____

_____

_____

2) 현재 지구의 인구 증가는 심각한 수준입니다. 서기 1년 약 2억 명이던 세계 인구는 2014년 72억 명에 달했습니다. 그리고 이런 추세라면 2050년 세계의 인구수는 90억에 이를 것이라는 전망이 나와 있습니다. 그러나 지구에 무한히 많은 사람들이 살 수는 없습니다. 땅 면적에도 한계가 있고, 석유나 금속 자원 등 여러 자원도 언제 고갈될지 모르는 상황이니까요. 지구의 최대 수용 가능한 인구수는 90~100억이 한계라고 알려져 있습니다. 그 이상은 공간 문제나 자원 문제로 인해 감당할 수 없다는 것이지요. 이 문제를 해결할 수 있는 것은 새로운 행성을 발견하여, 그곳으로 이주하는 것 외에는 없습니다. 이런 점을 고려해 본다면 우주 개발은 단순히 인류의 모험심을 충족시키는 것이 아니라 생존이 달린 문제입니다.

→

우주 개발에 대한 나의 생각

 《과학 논쟁》 103~107쪽을 참고하세요.
우주 개발에 대한 찬성과 반대 의견을 잘 읽은 후 요약해 보고, 자신의 의견을 써 보세요.

5. 다음은 SNS에 대한 기사와 토론입니다. 제시된 내용을 읽고, 빈칸에 들어갈 내용을 써 보세요.

○○일보

IT매체인 기가옴은 23일(현지 시간) '인터넷이 과연 우리를 더 외롭게 만들까?'란 기사에서 이런 문제의식을 파고들었다. 결론부터 이야기하자면 "꼭 그런 것은 아니다"는 게 이 기사의 주장이다.

실제로 지난해 퓨리서치센터는 페이스북 같은 SNS 이용자들이 온라인 뿐 아니라 오프라인에서도 사교적인 것으로 드러났다는 연구 결과를 발표했다. 당시 퓨리서치센터는 SNS 내에서 우려했던 '반향실 효과'는 크지 않았다고 지적했다. 반향실 효과란 폐쇄 공간에서 비슷한 정보와 아이디어가 돌고 돌면서 강화되는 현상을 말한다.

미국의 사회학자인 자이넵 터페키 역시 SNS가 인간을 고독하게 만든다는 주장에 반대하는 쪽이다. 그는 이젠 온라인 세상과 '진짜' 세상을 구분하는 것 자체가 불가능한 상황이 됐다고 주장하고 있다.

기가옴 역시 "온라인 연결이 오프라인 연결을 더 촉발하는 경향이 있다"고 주장했다. 최근 들어 각종 위치 기반 서비스들이 각광을 받으면서 온라인 커뮤니케이션이 그대로 오프라인 만남으로 연결되는 경우도 적지 않다는 게 그 이유다.

안나 : SNS는 지구촌을 하나로 연결하고 있습니다. 하지만 그러한 만남이 실제 사람 대 사람이 아니라, 화면 대 화면으로 이루어지고 있다는 것이 매우 우려스럽습니다. 인간이 인간을 만나지 않아도 되는 세상, 인간이 디지털 화면을 통해 비춰진 하나의 텍스트나 사진으로만 인식되는 세상으로 변한다면 디지털 기술로 인해 인간다운 삶을 살 수 없는, 인간 소외 현상을 불러일으키게 될 것입니다.

재중 : 인간 소외는 인간이 만든 상품과 개념이 의해서 인간의 본질이 상실되는 경우에 쓰는 말입니다. 하지만 SNS가 발달하면서 서로 소식을 더 자주 주고받을 수 있게 되었고, 그러면서 외국에 있는 사람과도 친하게 잘 지낼 수 있습니다. 이런 것으로 봐서는 오히려 인간성을 회복하는 것이 아닌가요? 만남이 비록 화면상으로 이루어지는 것이지만 바쁜 현대 사회에서 연락을 주고받을 수 있다는 것만으로도 가치가 있다고 생각하는데요.

안나 : 하지만 그런 SNS 문화가 사람들 사이에 직접적인 만남을 의미 없게 느끼게 하고, 그러면서 인간관계에 악영향을 주고 있다는 의견도 있습니다. MIT의 세리 터클 교수는 15년 동안 조사

하고 연구한 바에 따라 출간한 《외로워지는 사람들》이라는 책에는 SNS가 오히려 인간을 더 고독하게 만든다고 주장합니다. SNS에서 이루어지는 소통은 지극히 단발적이고 즉흥적이기 때문에 진정으로 사람을 사귀고 있다는 느낌을 받을 수 없다는 것이 그 이유입니다. 겉으로 보기엔 외부와의 커뮤니케이션이 빈번히 이루어지고 있지만 내면에서는 홀로 남았다는 단절감을 느끼고 있다는 것입니다. 즉, SNS가 소외된 사람을 만들어 내고 있다고 생각합니다.

재중 : 말씀하신 것과는 달리 SNS가 인간관계에 도움을 준다는 연구들도 있습니다. _____

_____

_____

_____

《과학 논쟁》 121~123쪽을 참고하세요.
자료를 잘 읽고 흐름에 맞게 주장하는 글을 써 보세요.

6. 다음은 뇌 과학과 관련된 토론의 일부입니다. 잘 읽고 이 발언에서 나타난 문제점을 찾아 쓰고, 이에 대한 자신의 의견을 써 보세요.

　　뇌 과학은 여러가지 뇌 관련 질병을 치료하는 데 사용될 수 있습니다. 그중에서도 특히 ADHD를 치료할 수 있는 주요 수단으로 각광받고 있는데요, ADHD란 '주의력 결핍 과잉행동장애'의 약자로 보통 아동들이 지속적으로 주의력이 부족하여 산만하고 과다한 활동과 충동성을 보이는 증상을 말합니다. 이제까지는 약물 치료, 인지 행동 치료, 학습 치료 등이 치료법으로 행해져 왔지만 어린 아이에게 약물을 먹인다는 거부감도 있고, 효과도 한계가 있는 등 여러 가지로 부족한 점들이 있었습니다. 그러나 만약 뇌 과학이 발달하면 주의력이 부족한 원인을 알게 되고, 집중력에 관여하는 뇌의 부위를 자극하여 아이가 한 과제에 몰두하는 능력을 키워 줄 수 있을 것으로 생각됩니다.

　　그런데 뇌 과학이 ADHD를 치료할 수 있다는 이야기는 인간의 주의력을 인위적으로 더 향상시킬 수 있다는 것이고, 이것은 우리에게 아주 중요한 시사점을 던져 줍니다. 왜냐하면 누구나 어느 정도의 주의력 부족으로 곤란을 겪고 있기 때문이죠. 즉, 평범한 사람도 원하면 뇌 과학으로 주의력을 높일 수 있는 것입니다. 인간의 지능을 마음대로 조절할 수 있다는 것입니다.

문제점

나의 의견

_____

_____

_____

_____

 《과학 논쟁》 156~158쪽을 참고하세요.
토론을 할 때는 정확한 사실을 근거로 하여 주장을 펼쳐야 한다는 점을 잘 생각하면서 위의 발언을 읽어 보세요.

이기규 글 | 박종호 그림

1. 이 책에 나오는 새로운 용어나 이해하기 어려웠던 낱말의 뜻을 찾아 정리해 봅시다.

2. 다음은 선행 학습에 대한 의견과 기사입니다. 잘 읽고 아래의 글을 참고하여 반론을 펼쳐 보세요.

> 2014년 통계청에서 발표한 자료에 따르면 초등학생 중 사교육을 받는 학생들이 전체 80%가 된다고 합니다. 대부분의 초등학생들이 학원 같은 곳에서 선행 학습을 하고 있는 셈입니다. 만약 반대 팀의 주장대로 선행 학습이 공부에 대한 흥미를 떨어뜨린다면 우리나라 학생들의 학력 수준은 매우 낮게 나와야 하지만 그렇지 않습니다. 우리나라 학생들의 학력은 여전히 세계 상위권입니다. 즉, 선행 학습이 학습의 흥미를 떨어뜨린다는 것은 너무 지나친 걱정입니다. 오히려 선행 학습은 경쟁 사회에서 반드시 필요한 것이라고 생각합니다. 남들보다 더 빨리 배우고 더 많은 것을 알고 있어야 경쟁에서 살아남을 수 있습니다. 이런 점에서 우리 팀은 선행 학습은 고쳐야 할 문제가 아니라 오늘날 학생들이 꼭 해야 하는 필수 조건이라고 생각합니다.

○○일보

잘 알려져 있듯, 한국 어린이·청소년 행복 지수는 경제 협력 개발 기구(OECD) 국가 중 최하위다. 한두 해도 아니고, 4년 내내 굳건히 꼴찌 자리를 지키고 있다.

여성 가족부 '한국청소년상담원 상담통계'를 보자. 자살을 고민하는 고등학생은 2008년 214명에서 2010년 476명으로 갑절 이상으로 뛰었다. 중학생은 256명에서 2010년 627명으로 2.5배 가까이로 증가했고, 초등학생은 37명에서 99명으로 무려 2.6배로 늘었다. 어린 학생들이 자살을 생각하는 이유 중 '성적과 진학에 대한 고민'이 절반 이상을 차지했다. 현 정부의 가혹하고 무책임한 교육 정책이 어린 학생들을 죽음으로 몰고 있는 것이다.

현 정부 4년 내내 자살은 청소년 사망 원인 가운데 단연 1위였다. 통계청 자료를 보면 2010년에 자살한 청소년은 교통사고, 암, 심장 질환으로 사망한 청소년들을 합한 것보다 많았다. 어린이들조차 10명 중 1명이 자살 충동을 느끼며 산다. 오죽하면 유엔 아동 권리 위원회마저 한국 아동·청소년의 극심한 경쟁으로 인한 스트레스에 대해 대책을 마련하라고 촉구했겠는가.

《교육 논쟁》 31쪽을 참고하세요.
토론을 준비할 때는 상대방이 자료를 제시할 것을 대비하여 주장하고 싶은 내용에 대한 다양한 통계 자료를 미리 준비하는 것이 좋아요. 기사 중에서 상대방의 자료에 대응할 만한 내용을 이용하여 반론을 써 보세요.

3. 학습의 결과를 평가하기 위해 학교에서는 지필 평가와 수행 평가를 실시합니다. 다음은 수행 평가보다 지필 평가가 더 중요하다고 생각하는 친구의 의견입니다. 잘 읽어 본 후 핵심 주장을 찾고, 반박 의견을 써 보세요.

> 지필 평가는 시험지로 문제를 직접 풀어서 공부한 내용을 평가하는 방법입니다. 흔히 우리가 치르는 중간고사, 기말고사가 바로 대표적인 지필 평가지요. 이 방법은 학교에서 가장 흔하게 사용합니다. 짧은 시간 동안 한 번에 많은 학생들을 동시에 평가할 수 있고, 학생들이 배운 내용을 정확히 알고 있는지 손쉽고 빠르게 알 수 있다는 면에서 효과적이기 때문에 가장 많이 사용되지요. 물론 미술이나 체육처럼 지필 평가로 보기 어려운 것들도 있습니다. 하지만 학교에서 배우는 대부분의 공부 내용은 지필 평가로 평가가 가능합니다. 체육이나 미술도 올바른 운동 상식을 평가하거나 미술의 역사를 평가할 때 지필 평가를 이용할 수 있습니다. 그런 의미에서 지필 평가가 가장 효과적이고 정확한 평가라고 생각합니다.
>
> 물론 지필 평가 외에 수행 평가도 있습니다. 그렇지만 수행 평가는 평가의 정확도가 떨어질 수밖에 없습니다. 왜냐하면 수행 평가는 과정을 평가하기 때문입니다. 수행 평가는 평가자의 주관적인 평가를 중심으로 하기 때문에 같은 대상을 평가하더라도 결과가 다를 수 있습

니다.

  하지만 지필 평가는 공정하게 모두에게 동일한 문제를 출제하고 동일한 시간에 문제를 푼 결과를 평가합니다. 여기에는 어떠한 주관적 판단이 들어가지 않습니다. 훨씬 정확한 평가가 가능한 것입니다. 평가는 정확하고 객관적인 기준을 가지고 있어야 합니다. 그래서 저희 팀은 정확한 근거를 가지고 평가할 수 있는 지필 평가가 훨씬 올바른 평가 방법이라고 생각합니다.

핵심 주장 1

_____

_____

반박 의견 :

_____

_____

_____

_____

핵심 주장 2

_____
_____

반박 의견 : _____
_____
_____
_____
_____

 《교육 논쟁》 65~67쪽을 참고하세요.
토론 중에 주장하는 말이 길어지면 핵심 주장을 잘 파악하는 것이 중요해요. 상대방의 발언 중 가장 중요한 주장을 찾고, 반박하는 의견을 써 보세요.

4. 다음은 '성적순 혜택'에 대한 아이들의 대화입니다. 같은 의견을 가진 친구들끼리 팀을 만들고, 각각의 팀이 주장하는 내용을 써 보세요.

진우 : 우리 반 선생님은 수학 경시대회 점수대로 자리를 앉게 할 거래. 급식 순서도 그렇고. 이건 차별이야.

희수 : 진우야, 너는 이번 수학 경시대회 잘 봤잖아. 근데 뭐가 문제야?

진우 : 누구든 시험 점수 때문에 밥도 늦게 먹는다면 그건 불공평한 거잖아.

민서 : 난 진우 의견에 반대야. 정신 차리게 충격 요법이 있으면 공부 안 하는 아이들도 정신 바짝 차리지 않을까?

도현 : 맞아. 나도 어느 정도의 경쟁은 공부하는 데 도움이 된다고 생각해.

수민 : 경쟁을 시킨다고 공부 못하는 친구들이 공부를 잘하게 될까?

내가 보기엔 '난 안 돼.' 하고 포기할 경우가 더 많을 것 같은데?

찬민 : 맞아. 성적순으로 밥을 먹게 하다니 그건 정말 차별이라고 생각해.

첫 번째 팀

구성원

주장하는 내용

두 번째 팀

구성원

_____

_____

주장하는 내용

_____

_____

_____

_____

_____

《교육 논쟁》 85~88쪽을 참고하세요.
토론은 생활 속에서도 언제든 벌어질 수 있어요. 서로의 주장을 귀 기울여 듣고 논리적으로 의견을 펼쳐 나가면 흔한 대화도 훌륭한 토론이 될 수 있답니다.

5. 다음은 대학의 목적에 대한 주장입니다. 글을 읽고 기사와 표를 참고하여 자신의 의견을 써 보세요.

민서 : 요즘 많은 대학들이 기초 학문을 연구하는 학과들을 폐지하고 있습니다. 가장 큰 이유는 학생들이 기초 학문을 다루는 학과를 선택하지 않기 때문입니다. 왜 이런 일이 발생하는 걸까요? 오늘날에는 기초적인 학문보다 실제 생활에서 사용할 수 있는 실용적인 학문을 더 필요로 하기 때문입니다. 결국 대학을 졸업하고 취업을 할 학생들에게도 언어학, 문학, 역사, 물리학, 화학 같은 기초 학문보다 컴퓨터학, 커뮤니케이션학, 관광학 같은 응용 학문이 더 필요한 것이 현실입니다. 이렇게 취업에 도움이 되지 않는 기초 학문 수요가 줄고 응용 학문 수요가 늘어나는 사회적 변화와 학생들의 요구를 대학은 적극적으로 받아들여야 한다고 생각합니다. 시대적 변화를 무시하는 대학은 경쟁에서 살아남지 못할 것입니다.

희수 : 우리나라의 노벨상 수상자는 지난 2000년 노벨 평화상을 수상한 김대중 전 대통령이 유일합니다. 하지만 이웃 나라 일본은 노벨상 수상자가 22명이나 됩니다. 이중 과학 분야 수상자는 19명입니다. 일본의 노벨상 수상자가 많은 이유는 무엇일

까요? 바로 대학에서 기초 학문을 충실히 연구하기 때문입니다. 게다가 일본 정부에서도 기초 학문에 투자를 아끼지 않고 있습니다. 모든 응용 학문은 기초 학문이 튼튼해야 발전할 수 있습니다. 응용 학문은 기초 학문에서 시작되었기 때문입니다. 기초 학문이 점점 외면받는 현실이 계속된다면 우리나라의 미래는 어두울 수밖에 없습니다. 지금이라도 대학이 학문 연구라는 본래의 역할을 충실히 하고, 취업의 수단이 아니라 진리 탐구의 공간이 될 때 응용 학문도 제대로 발전할 수 있을 것입니다.

○○일보

정부가 사회 수요에 맞춰 학과 전공을 개편하고 정원을 이동하는 대학 19곳을 선정해 3년간 6000억 원을 지원한다. 일자리 중심으로 학과 구조를 바꿔 산업 현장에서 필요로 하는 인력과 대학이 배출하는 인력의 '미스매치'를 해소하겠다는 취지다. 교육부는 29일 이 같은 내용을 골자로 하는 산업 연계 교육 활성화 선도 대학(PRIME·프라임) 사업 기본 계획을 확정 발표했다.

정부의 발표에 각 대학의 교수와 학생들은 "기초 학문을 위축시킨다."며 반대 목소리를 내고 있다. 이를 감안해 교육부는 프라임 사업 선정 대학은 지원금의 10%를 기초 학문 분야 지원에 의무적으로 사용하도록 할 방침이다.

일본의 노벨상 수상자 명단
(우리나라의 노벨상 수상자는 2000년 노벨 평화상을 수상한 김대중 전 대통령이 유일)

연도	이름	분야	연도	이름	분야
1949	유카와 히데키	물리학상	2001	노요리 료지	화학상
1965	도모나가 신이치로	물리학상	2002	다나카 고이치	화학상
1968	가와바타 야스나리	문학상	2002	고시바 마사토시	물리학상
1973	에사키 레오나	물리학상	2008	시모무라 오사무	화학상
1974	사토 에이사쿠	평화상	2008	고바야시 마코토 외 1	물리학상
1981	후쿠이 겐이치	화학상	2010	네기시 에이치 외 1	화학상
1987	도네가와 스스무	생리 의학상	2012	야마나카 신야	생리 의학상
1994	오에 겐자부로	문학상	2014	아카사키 아사무 외 1	물리학상
2000	시라카와 히데키	화학상			

《교육 논쟁》 148~156쪽을 참고하세요.
'학문 연구'와 '취업 준비' 중 어떤 것이 진정한 대학의 목적인지에 대한 토론입니다. 표를 잘 살펴보고 자신의 생각을 펼쳐 보세요.

6. 다음은 영어 몰입 교육에 반대하는 수민이의 의견입니다. 수민이의 의견을 뒷받침할 수 있는 자료를 인터넷에서 찾아 붙이고, 이에 대한 자신의 의견을 써 보세요.

> 수민 : 영어 몰입 교육은 영어를 잘하는 학생들에게는 효과적일 수 있습니다. 영어 듣기와 말하기가 모두 가능한 학생들은 적극적으로 수업에 참여할 게 분명합니다. 하지만 영어를 못하는 학생들은 어떨까요? 영어 몰입 교육이 시작되면 모든 수업이 듣고 싶지 않은 수업이 될 것입니다. 영어 몰입 교육이 영어 실력만큼은 향상시킬 거라는 말도 영어를 아주 잘하는 친구들에게만 해당합니다. 영어를 못하는 학생들에게 영어로 토론하는 것은 매우 어려운 일입니다. 과학을 잘하는 친구라도 영어를 못하면 수업 중에 궁금한 것도 질문할 수 없습니다. 뿐만 아니라 선생님이 수업 시간에 설명하는 말들을 제대로 알아듣지 못해 좌절감은 더 커질 것이 분명합니다. 이런 상황에서 정말 영어 몰입 교육이 효과적일까요? 영어 실력이 출중하지 않은 대부분의 학생들에게는 영어 몰입 교육은 부담감만 키워 줄 뿐 효과적이지 않습니다.

나의 의견

《교육 논쟁》 181쪽을 참고하세요.
영어 몰입 교육에 대해 다양한 방법으로 검색을 해 보고, 수민이의 의견이 더욱 설득력을 얻을 수 있을 만한 자료들을 찾아보세요.

역지사지 생생 토론 대회

역지사지 실전 토론 노트

초판 1쇄 발행 2016년 3월 14일 | **초판 4쇄 발행** 2020년 9월 25일
글쓴이 최영민·전지은 | **그린이** 박종호
펴낸이 홍석 | **이사** 홍성우
편집부장 이정은 | **편집** 차정민·이은경 | **디자인** 손현주
마케팅 이가은·이송희 | **관리** 김정선·정원경·최우리
펴낸곳 도서출판 풀빛 | **등록** 1979년 3월 6일 제8-24호
주소 서울특별시 서대문구 북아현로 11가길 12 3층 (북아현동, 한일빌딩)
전화 02-363-5995(영업) 02-362-8900(편집) | **팩스** 02-393-3858
전자우편 kids@pulbit.co.kr | **홈페이지** www.pulbit.co.kr
블로그 pulbitbooks.blog.me | **인스타그램** instagram.com/pulbitkids

ⓒ 풀빛, 2016

ISBN 978-89-7474-076-4 74300
ISBN 978-89-7474-654-4 (세트)

* 책값은 뒤표지에 표시되어 있습니다.

* 파본이나 잘못된 책은 구입하신 곳에서 바꿔드립니다.

품명 아동 도서   **사용연령** 10세 이상
제조국 대한민국   **제조년월** 2020년 9월 25일
제조자명 도서출판 풀빛   **연락처** 02-363-5995
주소 서울특별시 서대문구 북아현로 11가길 12 3층 (북아현동, 한일빌딩)
주의사항 종이에 베이거나 긁히지 않도록 조심하세요.
           책 모서리가 날카로우니 던지거나 떨어뜨리지 마세요.
KC마크는 이 제품이 공통안전기준에 적합하였음을 의미합니다.